酒寄さんの ぼる塾晴天!

私はひとつ嫌なことがあると、
沢山の良いことが消されてしまうような人間でした。

ですが、
みんなの二度と戻ってこない
人生の瞬間を
私と一緒に過ごしてくれたんだ

そう思うと、
嫌なことよりも
良いことが
いかに重要なのかが
わかりました。

4人で舞台に立ちたい。4人でネタを頑張りたい。

3人はもう十分、
私の居場所を作ってくれました。

今度は私の番です。

私の右手側にぼる塾の3人がいて、
みんなで手を繋ぎ、
私の左手を息子と繋いで、
一列になって
一緒に未来へと歩んでいきたい。

は じ め に

　みなさんこんにちは。ぼる塾の酒寄です。

　この本は『酒寄さんのぼる塾〇〇』シリーズ第3弾です！　まさか3冊目が出せるなんて！　嘘なんじゃないかと思いつつ、本当に嘘だったら一生の心の傷を負うので本当であってほしいです。みなさんがこの文章を読んでいるということは本当だったということです！　やったー！

　前作『酒寄さんのぼる塾生活』で、「この本を読んでくれた人が『よりぼう、サッカーしようぜ！』と言ってくれるくらいに、この本を通して仲良くなれたら嬉しい」と前書きの最後の方に書いたところ、本を読んだ方から「よりぼう！」と私のことを呼んでくださるメッセージが沢山届き、とても嬉しかったです。みなさん前書きまでしっかり読んでくださっている！

　3冊目と言っていますが、この本から読んでも楽しめる内容になっていますので、はじめましての方も安心してください（でも、シリーズで読むともっと楽しめるので『ぼる塾日記』と『ぼる塾生活』を未読の方はぜひ！）。

　ぼる塾を知らない方に説明させていただくと、ぼる塾はあんりちゃんとはるちゃんのコンビ「しんぼる」と田辺さんと私のコンビ「猫塾」が合体してできたカルテットです。

　ぼる塾を結成した当時、私は出産したばかりだったため、育休中のメンバーとして参加しました。

　私が育休中、あんりちゃん、はるちゃん、田辺さんは、「今日あった楽しかった出来事」を沢山伝えてくれました。その内容が毎回とても面白

かったため、私はそのお話を文章にし、3人の許可を得て『note』というウェブサイトに公開するようになりました。その文章をまとめたものが第1弾の『酒寄さんのぼる塾日記』として本になり、その習慣は今も続き、こうして第3弾へと繋がっています。

　ですから、こうして本が発売されたのはぼる塾のメンバーのおかげです。そして今読んでくださっているみなさんがいるからです。スペシャルサンクスあなたです。

　この第3弾は育休が明け、ぼる塾のメンバーとして活動を始めた私が大きな壁にぶつかり、その壁に「うおおおおおお！！！」とあんりちゃん、はるちゃん、田辺さんと4人で立ち向かっていく話を中心とした内容になっています。いつも平和なぼる塾が珍しく闘っている姿をお見せしています。

　普段見せない姿ということで、今回は書き下ろしが過去最大です！　ほぼ書き下ろしです！『女芸人No.1決定戦 THE W』出場については、もう自分で自分を密着取材する勢いで書かせていただきました。セルフ情熱大陸です。世間にトリオとして認知されているグループにあとから飛び込んだ私は一体どうなってしまうのか!?　ぼる塾の他の3人は!?　ぜひ、この後続くページをめくって我々を見守ってください。

　そして、今回は私の働き方についても大公開しています。私がテレビに出演しない理由なども書いています。みなさんがもし、「別に酒寄さんの働き方など興味ない」と思っていたら私はただの見たくないものを見せにくる変質者になってしまうので、知りたいと思ってもらえると非常に助かります。

　もちろん、今まで通り日常のぼる塾のお話もたくさん収録されているので安心してください。あんりちゃん、はるちゃん、田辺さんは結成当初か

ら変わらず事件を巻き起こしてくれます。美味しい食べ物も沢山登場します。

　もう食べ物はぼる塾のメンバーみたいなものです。

　今まで通りであり、日々成長して今まで通りとはいかなくなる私の息子とぼる塾メンバーの友情話も収録されているので、そちらも楽しんでいただけたら嬉しいです。第１弾が発売されたときは赤ちゃんだった息子も今は５歳です。息子の口からぼる塾の話も出てくるようになりました。

　この前も、突然、

「あんりちゃんのお誕生日は８月！　はるちゃんは３月！　田辺さんは１月！」

　と、言っていました。実際はあんりちゃんと田辺さんは10月、はるちゃんは１月生まれです。全部間違っていますが、息子の中の３人のイメージはこのようになっています。

　今回のエッセイはぼる塾が闘う話ったり、私の個人的な話だったりと、色んな内容が含まれていますが、本全体のテーマとしては、「なんとかする＆なんとかなる」です。この２つの考えってなんとなくどちらか一方にふりきってしまうのですが、「なんとかする」だけだといつか限界がきますし、「なんとかなる」だけだと心もとないです。

　しかし、思い切って「なんとかする」と「なんとかなる」の両方ともを掴んだら、私は心が急に晴れました。欲張って良いのです！　それを教えてくれたのはぼる塾のみんなです。ですから、今回は『酒寄さんのぼる塾晴天！』というタイトルにしました。

『ぼる塾日記』は「読むお楽しみ会」、『ぼる塾生活』は「読む祭り」と言ってきましたが、今回の『ぼる塾晴天！』は「読む秘密基地」です。今までとは違ったワクワクをお届けできたらと思います。

そして本にするにあたり、今回も豪華なおまけページが満載です！『酒寄さんのぼる塾〇〇』シリーズで連載していた菜々子さんによる、私が原作を書いた『転生したら田辺さんだった』の漫画の完結編が収録されています！　皆さんに無事に最終回をお届けすることができました！

　この漫画の大ファンの田辺さんは、
「もし、続編が出なかった場合は最悪、菜々子さんに個人的に依頼して自費出版で漫画だけ発売しましょう」

　なんて言っていたので、今回完結編を送り出せることに大喜びしていました。

　そしてそして、第3弾も前作前々作に引き続き、ぼる塾のためにつづ井さんがとっても可愛いイラストを描いてくれました！　今回はそれだけではありません！　なんとつづ井さんとのトーク企画も収録されています！　これは私の私による私のためのご褒美企画です！　トークには田辺さんも参加しているので田辺さんファンも必見です！

　今回も読んでくださった皆さんに、「よりぼう！　良いシュート打つじゃん！」と、言ってもらえるような1冊になれたらと思います。いつか皆さんと一緒に大きめのサッカー大会を開きたいです。

CONTENTS

CHAPTER 3　ぼる塾晴天！　101

泣きっ面にフードコート

田辺さんと世間話をしていたときのことです。

田辺さん そういえばMくんと連絡とったよ！　いつかMくんの子供と酒寄さんの子供で相撲取らせたいねって。

　Mくんはもうやめてしまった同期の芸人で、今は地元に戻って３人のお子さんのパパになっています。田辺さんも私もとても仲が良く、昔はよくMくんの家に同期で集まって遊んでいました。

私　Mくん、元気？

田辺さん　元気そうだよ！　お子さんいるから大変そうだけど頑張ってるみたいよ。

私　またみんなで会いたいね。

田辺さん　ね！　会いたいよね！　そうそう、それでさ！　Mくんのことで思い出したことがあるの。Mくん家で夜更かししたときの話なんだけどさ。

私　田辺さんってよく夜更かししてるよね。

田辺さん　ええ。何ならあの頃は夜更かししかしてなかったね。

　田辺さんは他にも、「あの頃はフレンチトーストばかり焼いていた」といった過去も持っています。

田辺さん	あれは真冬だったね。次の日、朝が早いって日にMくん家に泊めてもらったのよ。Mくん家が現場に近くて。
私	うんうん。
田辺さん	でもガス止められてさ、風呂どうしようってなって。
私	あら！
田辺さん	それなら銭湯行こうってなったんだけど、まさかの定休日だったの！　どうする？　ってなって。
私	どうしたの？
田辺さん	電子ケトルでお湯沸かして、風呂入るのに４時間もかかったよ！
私	やばっ！
田辺さん	マジヤバかったよ！
私	体拭くとかだけにしたらよかったのに。
田辺さん	次の日仕事だったから、風呂に入っておきたかったの！
私	それなら入っておきたいね。でも４時間もかかったら最初の頃の熱湯もちょうど良い湯加減になってそうだね。
田辺さん	ちょうどいいどころか水だった。

　田辺さんたちは４時間かけて水風呂を作り上げたようでした。

田辺さん	22時から夜中の２時までずっと湯を沸かし続けてさ。
私	逆シンデレラタイムじゃん。
田辺さん	本当だよ！　体壊すよ！　真冬だよ！

※22時〜２時、肌の生まれ変わるシンデレラタイムに寝ると美肌になると聞いたことがあります（諸説あります）。

田辺さん それを急に思い出したわ。Ｍくんとの思い出ってこんなことばっかりだよ。

私 私はＭくんと言ったらビブラートを思い出すよ。

田辺さん **ああ、懐かしいね！　ビブラート！**

　Ｍくんはよく歌を歌っていたのですが、彼の歌い方は独特でした。私はずっと気になっていて、あるとき田辺さんにこっそり聞いたことがありました。

〜回想〜

私 あのさ、Ｍくんの歌って下手とかじゃなくて、なんか特殊じゃない？

田辺さん それはね、歌い方が**とってもビブラートが利いてるの。**

私 ビブラート？

田辺さん そう、ビブラートよ。

　私はそのとき初めてビブラートの存在を知りました。それから少し経ち、他の同期も含めてコンビでＭくんの家に泊まった日のこと。寝るときにＭくんが暗闇の中で気持ちよく歌い始めました。

田辺さん ねえ、やめてくれる？

　暗闇の中、少しいらだった田辺さんの声が聞こえました。

田辺さん **ねえ、ビブラートやめてよ!!**

Ｍくん ♪〜（無視して歌い続ける）。

田辺さん みんな明日早いんだから、寝ないといけないの！　ビブラートやめて！

Mくん ♪〜♪〜♪〜（ここ一番のビブラートを利かせる）。

田辺さん うるさい！　やめなって言ってるでしょー!!!

　田辺さんは歌うことではなくビブラートに対してブチ切れ、ここから本格的な喧嘩になってしまいました。私はそのとき初めてビブラートのことで大喧嘩をしている人を見ました。

〜回想おわり〜

私 覚えてる？

田辺さん 覚えてる！　ビブラートでしょっちゅう喧嘩してた。ビブラートってこっちのコンディションが良いときは素敵なんだけど、メンタルやられてるときはなんかムカつくのよ。

私 田辺さんとMくんって気づくと喧嘩してたよね。

田辺さん そうだね！　そういえば「ちっぴ（田辺さんのあだ名）は働いていないのにフレンチトーストを食べすぎてる」って言われて喧嘩になったこともあったよ！　マジムカつく！

　そんな感じで思い出話は尽きず、いろいろ話してその日のやりとりは終わりました。しかし、私がMくんとの思い出で一番忘れられない出来事は田辺さんの口からは出てきませんでした。

　それはMくんとお別れをした日です。

　いろいろあって、Mくんは芸人をやめて地元に帰ることになりました。Mくんの地元は遠く、一度帰るとなかなか会えなくなってしまうことがみんなわかっていました。Mくんが帰る当日は芸人仲間で集

まって、みんなで喫茶店で思い出話をしました。

Mくん いろいろあったな。オレが地元戻っても忘れないでね。

田辺さん 絶対遊びに行く！　同じ日本だもん、近いよ！

　その場で解散予定だったのですが、このまま別れるのはやはり寂しく、田辺さんや私含めて何人かは一緒に電車に乗って行けるところまで見送りをすることにしました。

（田辺さん……）

　お茶をしているときはずっと笑っていた田辺さんも、電車に乗っている間にどんどん無口になり、お別れの駅に到着するときにはしくしくと泣いていました。

　その場にいるみんな、田辺さんとMくんがとても仲が良かったことを知っているため、田辺さんの涙は見て見ぬふりをしましたが、Mくんだけが、「ちっぴ泣くなよ〜。名残惜しくなるだろ〜」と、田辺さんに向かっていつものように笑っていました。

Mくん ここまでで大丈夫だから。

　空港に向かう電車に乗り換えるための改札で、Mくんが言いました。田辺さんは号泣していました。

Mくん お前ら売れろよ！

田辺さん 絶対売れる、絶対人気者になる、絶対、絶対だよ！

Mくん　じゃあな！

　Mくんは大きく手を振って改札の中に入っていきました。私たちはどんどん遠く離れていく背中に手を振り続けました。

　田辺さんはMくんが見えなくなってもずっとその場で泣いていました。私も一緒に見送った同期も今は田辺さんが泣きたいだけ泣かせてあげようと思いました。

同期A　行っちゃったね。寂しくなるな〜。
同期B　でもまた会えるよ。友だちだし。
同期A　確かに。あ、そういえばここからソラマチって近いよね？
私　私、ソラマチってまだ行ったことない。
同期B　じゃあフードコートで何か食べて帰ろうか。

　同期がそう言った途端、

田辺さん　フードコート!!　何食べる？

　田辺さんはもう泣きやんでいて、歩き出そうとしていました。私はだから人は生きていけるんだなって思いました。

雨天決行な私たち

2022年11月某日。ぼる塾４人が神保町に集まりました。

私　みんなにお願いがあるの。

　数日前、４人で挑んだ初めての舞台が最低の結果に終わっていました（詳しくは『酒寄さんのぼる塾生活』に収録されているのでぜひ！）。

　簡単に説明すると、４人になったら３人のときより漫才が面白くなくなったのです。

あんりちゃん　どうしました？
田辺さん　やだ！　もしかしてあの日のことでまだ落ち込んでいるの？
はるちゃん　そうなの？　私ギャグしようか？
私　違うよ！

　私はあの日からずっと考えていたことがありました。

私　ここから１年頑張って、ぼる塾４人で来年の『THE W』決勝に出たい。この１年、その目標を叶えられるように動きたい。

『女芸人No.1決定戦 THE W』は最も面白い女性お笑い芸人を決めるコン

テストです。ぼる塾は３人体制で2020年に決勝まで勝ち進みました。

　私は自分が加わったことによって３人のときより明らかに面白くなくなった現実を見て、

　"早く３人に追いつきたい。ちゃんと結果で３人に並びたい"

　そう思うようになりました。そして、そのチャンスを与えてくれるのが『女芸人No.1決定戦 THE W』だったのです。

はるちゃん　もちろん！　優勝しましょう！

　私　　はやっ！　ノリ良すぎ！

田辺さん　いいよ。決勝行こう

　私　　ごはんの誘いみたいに答えないでよ！　結構大事なことだよ！

　正直、私はこの判断が３人にとっては正しいことなのか不安でした。４人での活動を増やすということは、今とスケジュールが変わります。３人のやりたい事を諦めさせてしまう可能性があるからです。

あんりちゃん　M-1ではなく『THE W』にした理由を聞いても良いですか？

　私　　可能性が高いから。M-1の審査で採点される様々な要素が４人のぼる塾では厳しいものが多いと思う。でも、『THE W』は面白ければなんでもありの世界だから、本気でこの1年目指せば可能性がある気がして。

あんりちゃん　私もそう思います。

　私　　だからM-1に出る場合は３人で挑もう。私はサポートに回る。

あんりちゃん　いや、今年は４人で『THE W』の決勝だけを目指していきましょう。

　時間がかかると考えていた説得はあっという間に終わりました。

| 私 | いいの？　みんなのスケジュール結構変わっちゃうよ？　やりたいことできなくなっちゃうかもしれないよ？ |
| あんりちゃん | そうならないように、それぞれどう働きたいかをきちんとこの場で話し合いましょう。 |

　ここからはマネージャーのＡさんも加わり、作戦会議をしました。

あんりちゃん	まず、決勝を目指すならとにかく舞台の場数を踏むことが大事です。４人の舞台の仕事を増やしてもらいましょう。
Ａさん	わかりました。神保町の劇場は４人を応援してくれているので、神保町の舞台を増やしてもらいましょう。
あんりちゃん	でも、私は個人の仕事も頑張りたいです。それぞれ個人の仕事が、結果ぼる塾に戻ってくると思っています。そして今ある仕事も大事にしたい。だから舞台に仕事を全振りすることはできません。
私	もちろん！　本音を言ってくれてありがとう。
田辺さん	私もそうだね。個人の仕事も頑張りたい。だからその分、自分の頑張りレベルを上げるよ。あと、余計なお世話かもしれないけど、酒寄さんがみたらしと楽しく過ごせる時間も確保した上でスケジュールを組んで欲しい。
はるちゃん	私もそう思う！
あんりちゃん	私もです。みたらしがママと楽しく過ごして、しかもママが決勝行ったら格好良いですよ。私たちがそうさせます！
私	みたらしのことまで考えてくれて…みんなありがとう！
田辺さん	むしろ私、みたらしのことは考えているけど酒寄さんのことは何も考えてないよ。
私	そうなの!?

　その後もいろいろ話し合い、ぼる塾の『THE W』に向けた1年間が決まりました。私は引き続き3人とは別行動の働き方が多くなりますが、「ぼる塾は何をしていてもぼる塾である」という、4人の確固たる共通認識があるので怖くはありませんでした。

私　　私のぼる塾としてのテレビデビューは『THE W』の決勝にする！決勝行けなかったら一生私はテレビに出られない！

あんりちゃん　とても重要なことをさらりと決めましたね。

はるちゃん　大丈夫です！　私たち、絶対優勝します！

田辺さん　はるちゃんってネタ書けないのになんで誰よりも大口叩けるの？

はるちゃん　田辺さんだってスイーツロケで大口叩いているじゃん！

田辺さん　私、お笑いのことはマジでわからないけど、スイーツのことは自信あるの！

あんりちゃん　なんで芸人やっていてお笑いのことマジでわからないんだよ。

　こうして私たちは茨の道へと呑気に歩き出しました。

  # 定まらないネタ

私　4人って難しい！

この1年間で『女芸人No.1決定戦 THE W』の決勝に行く。大変だろうと予想はしていましたが、想像を超えていました。

4人漫才が書けない。

私　4人って多い！

3人のぼる塾のネタは漫才中心でしたが、4人でも漫才をやっていくつもりでした。ぼる塾を結成する前のあんりちゃんとはるちゃんのコンビ「しんぼる」も、田辺さんと私のコンビ「猫塾」もどちらもずっと漫才をやっていました。漫才には全員思い入れがあります。しかし、漫才を4人ですることがいかに難しいかを思い知らされました。

『THE W』という目標を見つけ、やる気に満ち溢れた私は、

私　（私が入ったから、はるちゃんをもっと自由にボケさせてあげたい。田辺さんの見せ場は絶対に減らしたくない。あんりちゃんの突っ込みはたくさんあったほうが良い。私自身の出番が多くないと「やっぱり4人もいらない」ってことになる。これを全部実

現したい！）

色んな思いを詰め込んでネタを書きました。

私 あれ？ このネタ面白くない上に９分くらいある。

　いろんな思いを詰め込み過ぎた結果、お互いの良さを消しあった長尺な漫才ができてしまいました（賞レースのネタは大体どのコンテストも１回戦が２分、２回戦が３〜４分、その後決勝まで４分というかぎられた時間で戦うことになります）。

私 一回何も考えずに漫才を書こう。……あれ？ この漫才もう終盤なのに私一言も発していない。

　私はどうしていいかわからず、部屋中で前転しました（家族が出かけていてよかったです）。

私 そもそも面白いネタを書くこと自体が難しいのに！ どうしてたった１年で決勝に行こうなんて言ってしまったんだろう！

　課題は山積みです。知名度のある３人の隣にいきなり知らない女（私）がいることに説明はいるのか。

４人 どーもぼる塾です。
お客さん （わ〜！ あんりだ！ はるちゃんだ！ 田辺さんだ！ …え、あの人誰？）

ここが最初の難関なのです。最初の難関が最初過ぎます。

> **私** ぼる塾が４人組ってことは、コアなぼる塾ファンしか知らない
> と思ったほうが良い。

例えば、アニメのサザエさん一家にいきなり知らない人が１人増えていたら。知らない人が誰なのか一切触れられずに話が展開していったら、視聴者は内容が頭に入ってくるのでしょうか。

> **私** ３人の隣にいる謎の女を最初に説明したほうが良い？ でも漫
> 才の中身に全く関係ない「育休から復帰した酒寄です」って言葉
> があると、逆に邪魔になる？ 漫才中の私はママキャラをやっ
> ているわけではないし…。３人も『変にママキャラのイメージ
> を作ってしまうと今後絶対苦しくなる。酒寄さんはママキャラで
> やっていく感じではない』と言っていた。私、謎の女でいたほう
> が良い？

私は人生で自分がこんなにミステリアスな存在になるとは思いもしませんでした。しかもこんなにミステリアスなのにモテないのです。ミステリアスはモテると聞いていたのに。

> **私** 普通の女の子に戻りたい！

４人の舞台を増やしてもらったのに「漫才作れませんでした」という言い訳はできません。しかも、私はあんりちゃんのネタ作りの負担（ぼる塾はあんりちゃんと私がネタ作り担当です）を減らすために、

> **私** 私がネタを最初から最後まで一回作ってからあんりちゃんの意見
> をもらうことにするよ！

そう格好つけていたのです。これに関しては「決勝に行きたい」と私が言い出したからには、その分自分が努力をしないといけない気持ちもありました。

そして、漫才の中の自分の居場所を自分で見つけたいという思い。

3人はもう十分、私の居場所を作ってくれました。今度は私の番です。

作ったネタを試しては「違う！」を繰り返しました。

そんな中、構成作家さんに「4人はむしろコントの方が向いている」というアドバイスをもらい、コントも作るようになりました。その中で奇跡的に、「このネタは磨いていけば『THE W』に通用するかもしれない」というコントが1本現れました。

しかし、『THE W』決勝には2本のネタが必要になります。そして、どうしても諦めきれない4人での漫才。

> **私** 作れないのに漫才がしたい…苦しい……。

暗い話になってしまいましたが、この時期が私にとって苦しいだけだったかと言うと、そうではありません。**私にとっては恋をしていた時期です。**どういう事かというと、ある日、あんりちゃんが、食べ過ぎて苦しんでいました。

> **あんりちゃん** 苦しい…また馬鹿なことを……。
> **田辺さん** あんり！　こういうときはお腹いっぱいで幸せって思いな！

気持ちが大事！

あんりちゃん　気持ち？

田辺さん　食べ過ぎたときに後悔すると太るんだって！　でも幸せって思うと太らないらしいよ！（あくまでも田辺さんの意見）

あんりちゃん　じゃあ、私は今恋をしているって思うことにします！　恋している時も苦しいけど幸せだから…だから私は食べ過ぎたのではなく、恋をしています！

田辺さん　オッケー！　これであんり太らないよ！

はるちゃん　なんで？　カロリーは同じだよ。

私　（なるほど！）

　私が苦しいのはぼる塾に恋をしているから。だから後悔は一切ありませんでした。

  ## 田辺さんはミッキー

　ぼる塾はいろんな４人漫才を試しては「違う！」を繰り返し、私の焦りは日々つのっていました。

私　（どうしよう……もう漫才で勝負したいという気持ちを捨てるべき？　でもだからと言ってコントにしても何も案はないし…）

　ぼる塾は８月に単独ライブを控えていて、「単独ライブまでに『THE W』用のネタを決めよう」と４人で決めていたのです。

私　（まだ８月まで時間はあるけどそうは言ってももう６月…。練習する時間とかも考えると…）

息子　ママ！　ディズニーランド明日行く？

　私が難しい顔をしていると、このとき３歳だった息子がにこにこ顔で話しかけてきました。私も彼につられて笑顔になります。

私　うん！　とうとう明日だよ。楽しみだね！　ぼる塾のお姉さんたちとディズニーランド！

　この時期はずっと不安が頭にありましたが、楽しいイベントも控えてい

ました。田辺さんが『ぼる塾とみたらしでディズニーランドに行こう！』と計画を立ててくれたのです。息子にとって初めてのディズニーランド。

田辺さん 小さい子どもが楽しめる周り方考えたよ！　みたらしの最高のディズニーランドデビューにしよう！

田辺さんは「全て私に任せて」と言ってくれ、ディズニーランドに行く数日前には田辺さんとはるちゃんが一緒に我が家にやってきて、「今度ここに行くんだよ」と息子に事前学習までしてくれました。

私 （とりあえずディズニーランドを楽しもう！　ネタの事はディズニーランドが終わってから考えよう）

みんなでディズニーランドに行くことが、私にとっては大きな救いでした。しかし、こういうときに何かが起こるのがぼる塾です。

私 え?!　すごい雨降っている！

なんと、当日は朝から大雨が降り、ディズニーランド行きは中止になりました。私は楽しみにしていた息子に申し訳ない気持ちで予定の中止を伝えました。

私 ごめん…お天気が悪くて今日はディズニーランドに行けなくなっちゃった。

息子 ……わかった！

　息子がどれほどこの日を楽しみにしていたかを私はずっと見てきました。しかし、彼は素直に納得してくれました。私はそんな息子の姿にたまらなくなり、何かできないかと考えました。

私　（そうだ！　映画はどうだろう？　一回入ってしまえば室内だし、息子が観たがっていた映画で今日映画館デビューさせてあげよう！）

※ちなみに映画は『シナぷしゅ THE MOVIE ぷしゅほっぺにゅうワールド』です。

　息子に「映画を観に行こうか？」と誘うと、「行く！」と嬉しそうに靴を履こうとしたので、「ごめん！　ちょっとだけ待って！」と、慌てて止めました。ちょうどそのとき、田辺さんから、「みたらし落ち込んでない？　大丈夫？」と連絡が来たので、これから映画を見に行くことを伝えました。

田辺さん 私も行く！　ミート・ミッキーできなかったから、せめてミート・田辺さんを！

※【ミッキーの家とミート・ミッキー】はディズニーランドにあるミッキーに会えるグリーティング施設です。

田辺さん は〜い。

　大雨の降る中、田辺さんは映画館まで駆けつけてくれたのです。息子は

突然現れた田辺さんにびっくりしていました。

田辺さん みたらしちゃん！　映画館デビューおめでとう！

　田辺さんはミッキーに負けないテンションで息子の映画デビューを全力でお祝いしてくれ、「初映画をポップコーンでお祝いしましょう！」と、息子に映画館の楽しみ方を教えてあげていました。

田辺さん みたらしちゃん！　今日は本当に映画デビューおめでとう！　今度、絶対ディズニーランドも行きましょうね！

　この日、息子は寝る直前まで「楽しかったー！　田辺さんとポップコーン食べたー！」と大喜びしていました。

私 （田辺さんすごいな…ミッキーに会えないからせめて田辺さんに会わせてあげるって）

映画館の前に田辺さんが登場したとき、私は思わず、

私 きゃー！　田辺さーん！

　と、ミッキーに会えたときのようにテンションが上がりました。何度も会っている田辺さんなのに嬉しすぎてちょっと泣きそうになりました。あのとき、ちゃんと濡れたビニール傘を傘袋に入れて片手に持っていた田辺さんは本当に輝いていました。

私 （ミート・ミッキーみたいに田辺さんに会えるミート・田辺って

あったら行きたい人いるんじゃないかな…)

　私はパソコンを開いて、【ミート・田辺】と文字を打ちました。

　　私　　（ふふふ…ミート・田辺ってなんか肉屋みたい。はるちゃんは絶
　　　　　対行きたいって言う！　あんりちゃんは冷静にツッコミを入れ
　　　　　そう。私はお客さんを田辺へと案内するキャストになりたいな）

　こうして『The W』決勝でやった漫才【ミート・田辺】が生まれました。

  # いつになく熱い私たち

　　私　（ああ、ついに始まった。……緊張する。…賞レースのときって
　　　　こんな感じだった）

『THE W』の予選が始まると、一気に賞レース特有の感覚が記憶から蘇り
ました。…すみません。ちょっと嘘をつきました。実はこんな話し合いが
行われていたのです。

あんりちゃん　いきなり『THE W』に挑むより、一度別の賞レースに参加して賞
　　　　レースの空気を感じておきませんか？
　　私　それ必要！　だって私何年ぶり？　最後に賞レース出たのって
　　　　5年以上前？
あんりちゃん　『キングオブコント』に出ましょう。私たちはコントに不慣れな
　　　　ので、少しでも経験値を増やすべきです。
はるちゃん　『キングオブコント』で優勝しましょう！
田辺さん　だからあんたなんでそんなに自信満々なの？

『キングオブコント』の予選が始まると、一気に賞レース特有の感覚が記
憶から蘇りました。

　　私　初めての会場って緊張する……。
あんりちゃん　酒寄さんは神保町以外の劇場でネタするのも久しぶりですもんね。

はるちゃん 吉本以外の芸人さんもいるからいつもと違うよね。

田辺さん 緊張しすぎて吐きそう。帰りたい。

あんりちゃん なんで田辺さんが一番緊張しているんですか。

『キングオブコント』についても細かく書きたいのですが、起こったことを全て書くと『酒寄さんのぼる塾キングオブコント』という一冊の本になってしまうので、今回ははるちゃんが見せパン（見えても大丈夫なパンツ）を穿き忘れて、コント中に彼女のパンツが丸見えになったことだけ報告しておきます。

はるちゃん 新しいのでよかった！

そんなハプニングもありつつ、ぼる塾の『キングオブコント』は予選1回戦と2回戦を突破し、惜しくも準々決勝で敗れました。

そしていよいよ『THE W』。予選1回戦は動画審査だったので、とにかく突破できるように祈りました。

私 1回戦の結果いつわかるのかな？

田辺さん 考えると吐きそうになるから聞かないで。

無事に1回戦を突破し、予選2回戦。ここからお客さんの前でネタを披露します。

田辺さん もう駄目だ。帰りたい。

あんりちゃん だからどうして田辺さんが一番緊張しているんですか！

なんとか2回戦も突破し、準決勝。準決勝は2日間にわけて、ネタを2本披露します。

あんりちゃん できることはやりました。後は出し切るだけです！
はるちゃん 絶対突破できるよ！
田辺さん 緊張で吐きそう。

　私達の夢まであと一歩。そして、ステージへ。

　ここまで『THE W』決勝までの道のりを駆け足で書きましたが、この1年間であんりちゃん、はるちゃん、田辺さんとの関係性も変化しました。

あんりちゃんの場合。

あんりちゃん ここは違うと思います。これは伝わりません。

　私の提案するネタ案に対し、厳しく駄目出しをしてくれるようになりました。もちろん、私もあんりちゃんに思ったことをはっきりと伝えるようになりました。これは信頼関係を築けた証です。
お互い、
「あんりちゃん（酒寄さん）には、きっと伝わる」
　と信じているから、ネタの事で意見が食い違っても、不思議と一度も険悪なムードにはなりませんでした。

あんりちゃん 酒寄さん！　一緒に苦しみましょう！　私もとことん苦しみます！

　あんりちゃんは「マイナススタートのグループが決勝に行けるネタ作

り」という表には見えない壁に一緒にパンチを繰り出してくれました。どうなるか予想がつかない暗闇の中で共に戦ってくれる人がいたのは心強かったです。

はるちゃんの場合。

はるちゃん 絶対にぼる塾は『THE W』決勝に行きます！　そして優勝します！

　気づけばいつもはるちゃんと一緒に帰るようになっていたのですが、ずっとブレずに「決勝に行く！」と帰り道で言い続けてくれました。

私　はるちゃんといると芸歴１年目くらいのときの気分になる。
はるちゃん　えー！　どういうことですか？
私　なんか何でもできそうな気がしてくる。決勝も行ける気がする。
はるちゃん　行けますよ！　だってうちら最強ですよ！

　私自身が（本当に決勝に行けるのだろうか？）と、不安なときも、はるちゃんは一切疑わずにぼる塾が決勝に行くことを信じてくれました。夢を叶えたいときに、隣でずっと夢の実現を信じてくれる人がいることは心の支えになりました。

田辺さんの場合。

田辺さん　緊張で吐きそう。お腹も痛い。もう帰りたい。

　田辺さんは賞レース予選のとき、いつも私以上に緊張していました。

私	田辺さんはテレビの生放送とかも出ているのに緊張するの？
田辺さん	ばか！　賞レースは違うよ！　一生怖いよ！

　私の目の前で怯えている田辺さんは、ぼる塾を結成する前のコンビ、猫塾時代の田辺さんと同じでした。

田辺さん	どんなにテレビに出ていても賞レースは一生緊張する。今すぐ逃げ出したい。でもこの感じ嫌いじゃない。
私	……田辺さんも人だったんだね。あ、別に普段バケモノだと思っているわけではないよ。
田辺さん	それ普段バケモンだと思っているから出る言葉じゃない？

　私が育休中に売れて遠くに行ってしまったと思った元相方であり現相方でもある田辺さん。形は変わっても、あの頃のまま一緒に夢を追いかけられることが嬉しかったです。

　そして『THE W』ファイナリスト発表の日。マネージャーのＡさんから報告がきました。

Ａさん	ぼる塾さん！　『THE W』決勝決まりました！
4人	きゃー！
あんりちゃん	やりましたね！
はるちゃん	嬉しいー！
田辺さん	私は決勝行くって思っていたよ。
私	きゃー！　きゃー！　きゃー！

　いよいよ決勝です。

4人の『THE W』前編

2023年の12月9日。この日は私の人生において忘れられない一日になりました。
『女芸人No.1決定戦 THE W』の決勝戦の日です。

2022年の11月。ぼる塾4人で初めて挑んだ舞台は最低の出来でした。

私 （そうだ。お笑いの舞台って厳しいところだった。ここは戦いの
場なんだ）

4人で舞台に立つことをゴールにしていた私には厳しい現実が待っていました。しかし、落ち込む私にあんりちゃん、はるちゃん、田辺さんは、
『ここはゴールじゃない。ここからがスタートだよ』
そう教えてくれ、最低の一日はかけがえのない思い出になりました。

私 ここがスタート。だからこそ、絶対に、絶対に、絶対に、4人
で結果を出したい。

その日から、『THE W』を目標に4人で頑張ってきました。そして掴んだチャンス。

私 おはよう。緊張で吐きそう。

本番前、私は楽屋入りしてすぐに弱音を吐きました。

あんりちゃん 酒寄さんは今か〜。私は昨日の夜がピークでした。
田辺さん 私はこの後一気にきそう。
はるちゃん 私も今緊張しています！　一緒です！

　口ではそう言いながらも普段と変わらない笑顔の３人を見て、私は少し安心しました。
　しかし、数分後。

私 こわいこわいこわい。
田辺さん 酒寄さんは今日がぼる塾として初テレビか。しかも生放送。私だったら逃げ出しているね。
あんりちゃん 余計に緊張させんなよ。
はるちゃん 絶対に今日優勝しましょう！
あんりちゃん プレッシャーをかけるな！
私 お願い！　何かリラックスできる話をちょうだい！
田辺さん リラックスできる話はもってないけど、ルイボスティーの茶葉なら持ってるよ。

　田辺さんはそう言って、私のミネラルウォーターのペットボトルにルイボスティーのパックを入れてくれました。

あんりちゃん リラックスできる話ならあります！　私が今朝見た夢の話です。

　あんりちゃんはそう言って話し始めました。

あんりちゃん　夢の中で私はなぜか田辺さんと番組をやっていて、ゲストに野球の大谷 翔平選手が来てくれたんです！

はるちゃん　私は？

あんりちゃん　いなかった。大谷選手が私のツッコミで笑っていて……。まるで夢のような時間でした…。本当に夢なんですけど。

　あんりちゃんは大谷選手にほの字なのです。

※このときは大谷選手の結婚報道前でした。あんりちゃんは大谷選手の結婚にショックを受けましたが「彼が幸せならそれが幸せです」と祝福していました。

あんりちゃん　あまりにも良い夢なので夢占いで調べました。最初に『大谷選手 夢に出てくる』で調べたらさすがにヒットしなかったんですけど、野球選手が出てくる場合、私が野球好きなら良い夢らしいです！

田辺さん　あんり、野球好きだっけ？

あんりちゃん　大谷選手が好きだから野球も好きです。

私　確かにそうだね。

あんりちゃん　私は今恋愛運と金運が同時にアップしているらしく、それって今日優勝して賞金をゲットするってことじゃないですか？　恋愛運の方も……。ふふふ…今日優勝してそれがきっかけで出会いが！

はるちゃん　きっとそうだ！　やったー！

田辺さん　待って！　私も今日見た夢の話していい？

　今度は田辺さんが話し始めました。

45

田辺さん　私は夢の中でラジオブースみたいなところにいて、赤西仁さんもなぜか近くにいたの。

あんりちゃん　田辺さんは本当に都合が良い夢を見ますね。

　私は心の中で（あなたもね）と呟きました。

田辺さん　私が声かけたら失礼だよなって思って隅のほうにいたら、赤西さんのほうから、「酒寄さん！　あ、間違えた！　田辺さんだ！」って、ぼる塾を知っている感を出してきたのよ。

　私は夢の話だと知りつつ、赤西さんの口から「酒寄さん」というワードが出てきたことに喜びを感じました。

私　それから？

田辺さん　それから赤西さんが栗きんとんを取り出して、「田辺さん、栗きんとん食べます？」って言ってきたの！　すごくない？

あんりちゃん　どんな夢だよ！

田辺さん　私も気になってすぐに夢占いで調べたの！　栗きんとんの夢は金運の上昇を知らせる吉夢ですって！　これ絶対今日優勝して賞金ゲットってことだよ！

はるちゃん　絶対そうだ！　やったー！

田辺さん　危なかったよ！　これが栗まんじゅうの夢だったら疲れがたまっているサインだったんだよ！　でも栗きんとんだからね！

私　栗きんとんでよかった。

はるちゃん　そういえば私も今日夢見た。

　なんと、はるちゃんも夢の話を始めました。

はるちゃん 私、夢の中で鍵をなくしちゃって！　探したらありました。

　はるちゃんの話はとてもシンプルでした。

田辺さん あんた！　それ夢占い調べた？
はるちゃん 調べてない。
あんりちゃん 私が今調べる！　何の鍵なくしたの？
はるちゃん 家。
私 そこ重要なんだ。
あんりちゃん あっ！　鍵が見つかった場合は良い夢っぽい！　友人との仲が
　　　　　　　　さらに深まるって！
田辺さん あら！　これはもう今日優勝して私たちがもっと仲良くなるっ
　　　　　　てことだよ！
あんりちゃん はるちゃん！　親に連絡するとさらに運気上がるって。
はるちゃん 今からお父さんにぼる塾4人の写真を送る！

　私たちはすぐさま4人の写真を撮り、はるちゃんのお父さんに送りつけました。

はるちゃん 酒寄さんは今日夢見なかったの？
私 うーん…見てない…。

私 （3人が夢まで使って運気をあげてくれたのに、私は何も出せない…いや、ある！）

私 …夢じゃないんだけど、ちょっと運に繋がる話なら……。
あんりちゃん 教えてください！

私 今日出かけるとき玄関で息子に、「ママ頑張ってくるからぼる塾にパワーを分けて！」ってお願いしたら、息子が「うん！」ってその場でパワーを出そうとしたの。そしたら、力み過ぎてパワーと一緒にうんこも出しそうになって慌てた。

あんりちゃん なるほど！　うんこのうんで運ですね！

田辺さん 今日はぼる塾４人みんな、最強の運がついてるよ！

はるちゃん 酒寄さんの運強そう！

アンパンマンが元気100倍なら、ぼる塾は運が４倍でした。

4人の『THE W』後編

　本番まであと数時間。私は結構図太いのか、緊張していてもお腹は空きました。

　　　私　　ごはんどうする？
　田辺さん　ケータリング豪華だったね！　見に行こう！
　はるちゃん　私もお腹空いた！
　あんりちゃん　私はさっきとんでもなくデカいおにぎり食べたので自粛します。

　とんでもなくでかいおにぎりを食べてしまったあんりちゃんに見送られ、私たちはケータリングスペースに向かいました。

　　　私　　え！　すごい！

『THE W』決勝という大舞台のためか、色んなお菓子やごはんがずらりと並んでいました。

　田辺さん　きゃーっ!!

　突然、田辺さんが事件の第一発見者のような悲鳴をあげました。

　田辺さん　KIZANの弁当があるよ！　酒寄さんよかったね！

田辺さんの中の『酒寄さんに食べさせたい！　ロケ弁四天王』の一角、KIZANの弁当があったのです。

田辺さん　酒寄さんはKIZANで決定だよ。私もKIZANで決定。
はるちゃん　２人とも見て！

　はるちゃんが興奮気味に指さした先にはバナナがありました。

田辺さん　はるちゃん、そんなにバナナで喜んで。あんりじゃないんだから。
はるちゃん　よく見て！
田辺さん　え？　……きゃー！

　再び、田辺さんが事件の第一発見者のような悲鳴をあげました。

田辺さん　千疋屋のバナナ！

　なんと、千疋屋のバナナだったのです。

私　千疋屋って高級フルーツの？
田辺さん　そうだよ！　あら〜千疋屋のバナナは初めて見たよ。
はるちゃん　すごいね！

　私たちは、後で絶対に千疋屋のバナナももらおうと話し合って、テーブルにつきました。

私　千疋屋のバナナって値段いくらだろう？
はるちゃん　調べますね！

田辺さん　やめな！　いやらしい！　で、いくらだった？

はるちゃん　１本540円。

田辺さん　１本で540円⁉　一房ではなく１本540円⁉

私　田辺さん！　声大きいよ！

田辺さん　これは早くゲットしておかないと場が荒れそうだね。

KIZANのお弁当はとても美味しく、食べている間は緊張を忘れました。

田辺さん　じゃあ、ごちそうも食べたし家に帰ろうか。

私　そうだね。

はるちゃん　帰っちゃ駄目！　ここからが本番ですよ！

　私たち３人はあんりちゃんと合流し、その後は真剣にネタ合わせをしました。永遠に来ないように感じた自分たちの出番も、気づけば一瞬でやってきました。

私　もうすぐだ！　怖い！

あんりちゃん　酒寄さんを私の手で安心させてあげましょう。数々のおじいさんおばあさんに褒められた魔法の手です。

　あんりちゃんは私と手を繋いでくれました。魔法の手はとても温かく、私は彼女の手に対するおじいさんおばあさんの賛辞に共感しました。

私　あたたかい……。

あんりちゃん　酒寄さんの手冷たっ！　氷くらい冷たい！

私　私、冷え性なの。

田辺さん　酒寄さん！　私暖房が暑すぎて困っていたの！　私のあご触っ

　　　　　て冷やしてくれない？

　私は右手をあんりちゃんに繋いでもらったまま、左手で田辺さんのあご
を冷やしました。

　田辺さん　あー気持ち良い。
　　私　　田辺さんのあごあたたかい…。
　あんりちゃん　なんで私の手と田辺さんのあご同じ扱いなんだよ！

　そしてすぐに本番。

　はるちゃん　酒寄さん！

　舞台に飛び出す直前。はるちゃんが私に言いました。

　はるちゃん　４人でこの舞台に立てて嬉しい！　私ね、ネタ中に酒寄さんが
　　　　　　　隣にいると安心する！　隣にいてくれてありがとう！

　私は（それはこっちの台詞だよ。本当に私の台詞だよ。みんなありがと
う）、そう思いながらも「ありがとう」とすらうまく言えませんでした。

　はるちゃん　どーも！　ぼる塾です！

　以前、４人で並んで海を見たことがあります。私は決勝の舞台、広い
海を前にして、４人で立っているような感覚でした。

　あんりちゃん　お疲れ様でした！　楽しかった！

はるちゃん　とっても楽しかったー！

田辺さん　緊張したけど楽しかったよ。

私　最高に楽しかった。

結果、私たちは優勝できませんでした。しかし、4人にとって、脚が長いスーパーモデルの歩幅くらい大きな一歩になりました。

田辺さん　とくに酒寄さんは頑張った。私の今日のMVPは酒寄さん。

あんりちゃん　私もです。

はるちゃん　私も！

私　そんな…みんなのおかげだよ。ありがとう。

私たちはこの舞台でさらに絆を深めました。そして私は絆を深めつつ、バナナのことを考えていました。

私　（大舞台を終えた自分に千疋屋のバナナをあげよう）

しかし、悲劇が起こりました。

私　**千疋屋のバナナがない！**

たくさんあった千疋屋のバナナが1本もなくなっていたのです。私は隅から隅まで確認しましたが、結局1本も見つかりませんでした。

あんりちゃん　酒寄さん遅かったですね。大丈夫ですか？

千疋屋のバナナ捜索のためにひとり楽屋に戻ってくるのが遅れた私を、

みんなは「やはり優勝できなくて酒寄さんは落ち込んだのでは」と心配していたそうです。

私	終わったらもらおうと思っていた千疋屋のバナナがなくなっていたの。
はるちゃん	私ももらおうと思っていたのに！
あんりちゃん	バナナ？　私は舞台前に食べましたよ！
私	美味しかった？
あんりちゃん	とんでもなく美味しかったです。
田辺さん	酒寄さんばかだね！　終わってからじゃ遅いよ！　千疋屋のバナナなんてみんな欲しいに決まっているじゃない！
私	でもいっぱいあったから。
田辺さん	あってもなくなるの！　ほら、私は1本もらっておいたよ。

　田辺さんはそう言って、鞄から千疋屋のバナナを取り出しました。

私	あ！　千疋屋のバナナ！
田辺さん	酒寄さん、今日は本当によく頑張ったよ。

　私は、田辺さんが私に千疋屋のバナナをくれようとしているんだと察しました。

田辺さん	でもバナナに関しては認識が甘かったね。私は千疋屋のバナナが食べられるけど、あんたは食べられないよ。
あんりちゃん	今のどうみてもあげる流れだろ。
田辺さん	え、なんで？　嫌よ！　これは私のだよ！
はるちゃん	酒寄さんにあげなよ。

田辺さん 絶対嫌だよ！　今日頑張ったこととバナナは関係ないでしょ！
そんなに食べたきゃ自分で買いな！

田辺さんは千疋屋のバナナをくれませんでした。

楽しかった

◎某月某日

最後の歯医者さんの日にうっかり忘れる。しかし、ぎりぎり思い出す。ダッシュで向かうとちょうど予約時間ぴったりに到着。受付で「先生が遅刻していてまだいないんです」と言われる。遅刻理由は寝坊だった。

◎某月某日

夜、4歳の息子との帰り道。息子が「はやく、走って！　追いつくの！」と言って、私の手を引っ張って走り出す。私を引っ張る彼に、「何に追いつくの？」と聞くと、彼は満月を指さして「お月様！」と答えていつまでも走る。なんて素敵なことを言うんだろうと思って限界まで一緒に走った。家に戻って息子は「おにぎりになりたい」と言っていた。

◎某月某日

息子が音声検索を使って「ディズニー」と言ったら、大量のチヂミの画像が候補に出てきて彼は混乱していた。

◎某月某日

夫が隣の部屋でB'zの『ultra soul』を気持ちよく歌っていた。せっかくなので合いの手を入れてあげようと思い、夫の「♪そして輝くウルトラソウル！」の後に全力で「ハイッ！」と贈った。その後、冷蔵庫の前でばったり会った夫に、「さっきすごいえずいていたけど、大丈夫？　こっちまで聞こえてきたよ」と心配された。

◎某月某日

片手でいけそうだと思うときは絶対に片手でいけないと最近わかってきた。なんなら両手でもいけないときがあることもわかった。

◎某月某日

Tさんと蕎麦屋に並んでいるとき、Tさんが「ユニセフ」と一言だけ発して黙った。今のは何だったんだろうと思い、「ユニセフがどうしたの？」と聞くと、「うまそう」の聞き間違いだったことがわかった。

◎某月某日

実家の父と喫茶店に入る。お互い近況報告。父が「最近、コピ・ルアックを飲んだ」と教えてくれる。※コピ・ルアック…ジャコウネコの排泄物から採取される希少な高級コーヒー豆。

私「あの値段高いやつでしょ！　美味しかった？」
父「自分はコーヒーの味はよくわからないんだけど多分美味しいと思う」
私「すごいなー。私も一度飲んでみたいんだよね。でも高いから中々…」
父「かなり安く提供してくれたお店だけど高かったよ」
私「そういえば、最近はゾウでもあるらしいね。ゾウの排泄物から採取するコーヒー豆」
父「ああ、聞いたことがある。ゾウは大きいから沢山採れそうだね」
私「うん。でもやっぱり手間がかかるからゾウでも値段高いのかな？」
父「うん。それにゾウはやっぱり全部消化しちゃうんじゃないかな？」
だとしたら、ただのうんこだと思った。

◎某月某日

中華料理屋の回鍋肉弁当を買って食べる。中華弁当は安いのにタイトル（回鍋肉弁当）に含まれない脇役のおかずが豪華すぎる。回鍋肉弁当に入っていた名前がよくわからない料理の美味しさに感動する。私は料理名がよくわからないままのものが多い。自分は人生で一度も食べたことがないと思っているけど本当は食べたことがある料理が何個かあるかもしれない。そんなずれはきっと生きていて他にもある。

◎某月某日

息子が「戦いごっこする！」と言って、「ママ！　手伝って！」とお願いされる。何をすればいいのか聞くと、「味方チームに入って！」と言われる。敵は誰なのか聞くと、

息子「敵のおちんちん！」

相変わらず、おちんちんが好きな息子。

息子「敵のおちんちん10人対味方のおちんちん100人」

ちょっと味方のおちんちんずるくないか？　と思いながら、ママはおちんちんの1人なのか、それともママのままで良いのか確認すると「こっちのチームは味方のおちんちん100人とママと僕！」と、そんなことも説明しないとわからないのかという顔で息子に呆れられる。戦いが始まり、息子が「どこだー」と真剣な顔で敵のおちんちんを探し出す。

息子「上だー！」

敵のおちんちんが上から攻めてきて、息子はビームで敵のおちんちんを倒し、「危なかったね」と言った。

◎某月某日

息子が自分を指して「僕がアンパンマン！」と言うので、「じゃあママは？」と聞くと、息子は「ママはコキンちゃんでパパはしょくぱんまん！」と言ってくれて嬉しくなる。どう見てもママはホラーマンでパパはジャムおじさんだ。

◎某月某日

大切なものを大切に扱うともっと大切になると知った。そういうことを学びながら老いていきたいと思う。

◎某月某日

夫が冷蔵庫を開けながら、「なんだこれ！　敵か！」と言ったので（敵!?　しかも冷蔵庫に!?）と思いダッシュで確認しに行くと、「柿」の聞き間違いだった。

◎某月某日

息子「自分でやる！」

4歳の息子は自分でやりたい期に突入していて、うまくできなくても自分でやりたがる。35歳の私も今、うまくできなくても自分でやりたい期だから気持ちがすごくわかる。

◎某月某日

1年がもうすぐ終わる。楽しかった。

CHAPTER

2

くもりときどき酒寄さん

3 + 1 = 4

『THE W』決勝後、私の世界は大きく変わりました。

　と言っても、道を歩いていて、

「きゃー！　酒寄さんですよね！　サインください！」

　そんな変化はありません。

　私は道を歩くと高確率で声をかけられるのですが、「〇〇に行くにはどうしたらいいですか？」と、聞かれます。地元はもちろん、旅行先でも聞かれるので、私はよほど散歩の達人顔なのかもしれません。

　では、どう変化したのかというと、『4人も3人も結果同じぼる塾』と、感じるようになりました。

　そう気づけたのは、『THE W』の審査員である麒麟・川島さんからいただいたコメントでした。

川島さん　いつものぼる塾の漫才がバニラみたいな平和な世界なんですけど、そこに酒寄さんという塩が入ることによって"塩バニラ"みたいな奥深さが出た。

　私は3人のぼる塾がバニラアイスなら、4人のぼる塾はチョコレートアイスにならなければいけないと思っていました。ストロベリーでもチーズでも抹茶でも良い。とにかく全くの別物として生まれ変わらなければと

信じ込んでいました。

私　（3＋1＝4。だから、3と4は続いているんだ）

　私は今、ぼる塾は3＋1＝4という表記が一番しっくりきます。3＋1が私たち。私はバニラに対し、塩になったり、ブランデーになったり、バルサミコ酢になったりして、美味しさの可能性を引き出す存在になるのです。

私　（みんなと混ざり合わない私だけの特別な距離感がある。それは全然寂しいことじゃない。むしろ今はここが気に入っている）

　私はぼる塾としての自分の居場所を見つけました。

私　私たちにとっては最高の経験だった！　でも、世間はどうなんだろう？

　やはりテレビ放送の賞レースに出演したからには気になる世間の声。私のぼる塾としてのテレビデビュー。初めて「ぼる塾は4人だったのか！」と知った方も多い印象でした。「4人のぼる塾面白かった！」と温かい声をたくさんいただき、本当に嬉しく思いました。
　一方、「3人のほうが好き！　4人目いらない」という意見もありました。ぼる塾初期の私だったら、「やっぱり私はいらない存在！　ごめんなさい！　私なんかがぼる塾にいてごめんなさい！　脱退する！」と大騒ぎしたと思います。
　ですが、今はこのような意見には、

私　（すみません。あなたの人生のために生きられないので私のこと

は諦めてください）

　そう思っています。私はぼる塾が大好きです。ぼる塾でいたいです。私はぼる塾として自分の人生を歩みます。

　私　（酒寄さんアンチの人！　あなたが好きなあんり、はるか、田辺のパワーはすごいから！　酒寄さんが何しようがびくともしないよ！　気にせず好きでい続けたらあなたが好きな３人のまま輝き続けるよ！　今後もっと魅力が爆発するかもよ！　あと、酒寄さんは場所取らないからいつかいることも気にならなくなるよ！　４人ネタがつまらない？　それはここから頑張るよ！　『THE W』決勝はゴールじゃなかったんだ！　私気づいた！　ここは新しいスタート地点だったよ！）

　私のことを苦手な人がこの文章を読んでいるかはわかりませんが、この声だけは届いて欲しいです。

　私は『THE W』決勝を終えて、３＋１＝４、という小学生が習う算数の問題と自分はぼる塾が大好きであるという気持ちを実感しました。当たり前のことほど、真剣に向き合わないと手に入らなかったりするのです。
　そして更なるやる気もみなぎりました。ファイナリストのみなさんは、とても面白く、女芸人の世界は広く強く格好よかったです。

　私　ライバルは３人のぼる塾じゃない！　ライバルは全芸人！

【おまけ】

　人から嫌われることが怖い私に田辺さんが教えてくれた秘訣。

　以前、田辺さんに「誰からも愛されることは無理だとわかっていても嫌われることが怖い」と相談したとき、こんなことを教えてくれました。

田辺さん　私、昔よく当たる占い師に、「前世はモンゴルの女戦士」って言われたでしょ。だから、私のこと嫌いな人に対しては、「きっと前世で私はこの人を倒してしまったんだ」って思っている。

　田辺さんは前世の使い方が一番うまい現世の人だと思います。

仕事仲間は息子の友だち

「仕事と子育ての両立は難しい」と、よく聞きます。

実際、私も自分が経験して大変なことだと実感しています。ぼる塾の仕事は途中参加の新人状態ですし、子育ては始まってみたら子どもの命を守るボディーガードでした。私は舞台上で大滑りした後、家に帰るとケヴィン・コスナー（ハリウッド俳優）になっているのです。ケヴィン・コスナーって映画でボディーガードを演じていましたよね？　子育て中の方はみんなケヴィン・コスナーです！

……話を戻します。

大変と言いましたが、あんりちゃん、はるちゃん、田辺さんが

3 人　みたらしは私たちのお友だち！

そう言ってくれることもあり、私の中で「仕事と子育て」は、私の右手側にぼる塾の 3 人がいてみんなで手を繋ぎ、私の左手を息子と繋いで、一列になって一緒に未来へと歩んでいるイメージです。ぼる塾 3 人と息子の間に笑顔のケヴィン・コスナーがいるところを想像してください。

最初は、「息子の事で気を遣わせて申し訳ないな」と思う気持ちもあったのですが、ぼる塾として活動していくうちに、彼女たちは本気で私の息子を自分の友だちだと思ってくれていることがわかりました。

　私とあんりちゃんがネタについて話し合っている隣で田辺さんとはるちゃんが息子の動画を見ていたり、私がトイレから戻ってくると、田辺さんが「みたらしにはジャズをやらせる」と言ったことで、あんりちゃんが、「人にやらせるな。自分がやれ」と喧嘩していたりと、仕事中に常にみたらしは登場します。

　ですから、3人に「みたらしはどう？」と聞かれたときは、

私　（これは社交辞令ではなく、本気で息子の話しを聞きたいのだ）

　そう思い、息子の話をします。私が子育てで困ったことがあると、相談にのってくれます。彼女たちのアドバイスはハッとさせられることも多く、救われます。

　例えば、3人は息子に対して「子どもだから仕方がないよ」という言葉を使いません。3人はこう言います。「大人と同じだね」。

　ある日、田辺さんと私と息子（当時3歳）の3人で水族館に遊びに行きました。当初の予定よりも少し早めの時間で、息子が「もう帰りたい」と言いました。一応、「本当に帰って良いの？」と、何度か聞き、それでも息子が「帰る」と答えるので、田辺さんを見送り、私たち親子は駅のホームで電車を待ちました。すると息子は言いました。

息子　田辺さんともっと遊びたかった。
私　（いや、あなたが帰るって言ったんでしょうが！）無理だよ。田辺さんもう帰っちゃったよ。
息子　田辺さんともっと遊びたかった！

と、電車の中で寝るまで言い続けた息子を連れて帰りました。

　私は帰宅後、このことを田辺さんに伝えました。「自分が帰りたいって言ったのに！　子どもの考えることはよくわからない」と。

　すると田辺さんはこう答えました。

田辺さん　みたらしの気持ちわかる！　私も遊んでいるときは楽しいのに早く家に帰りたいって思うときあるもん！　で、実際解散するともっと遊びたかったってなるの！　大人も子どもも一緒だね！

　田辺さんにそう言われると私も身に覚えがありました。田辺さんは、「また遊べば良いのよ！　また遊ぼうってみたらしに伝えて！」

　また別のとき。息子の希望で体操教室に通っているのですが、初回はとても大はしゃぎで楽しんでいたのに、２回目は、

息子　体操教室行きたくない。僕はやりたくなかった。

　と、教室に着いた瞬間言い放ちました。

息子　やりたくない。僕はやりたくなかったの。

　結局、息子は「やりたくない」と言い続け、「見学だけならする」と言うので見学をして帰りました。

　私はこの事件を３人に話しました。「やりたいってあんなに言っていたのに！　前回は楽しんでいたのに！　子どもってわからない」と。

あんりちゃん　みたらしの気持ちわかります！　私も自分でやりたくてオッケー

した仕事を「なんで私この仕事やるって言っちゃったんだろう…。行きたくない」ってその日が近づくとどんどん憂鬱になったりしますもん。

田辺さん　私もそうだよ！　自分でやるってジム通い始めたのにジムが入っている日はマジで「逃げられないかな〜」って直前まで思う。

私　そう言われると、私もエアロビの予約入れたとき、「なぜ、あの日の私はエアロビをしようと思ったんだろう」って思ったわ。

あんりちゃん　嫌でも行っちゃったら楽しくて、「やってよかった！」って思うんですけどね。

私　エアロビも楽しかった。

田辺さん　え〜、私は筋トレ中ずっと「なんで私ジムに通うなんて言っちゃったんだろう」って思ってるよ。

あんりちゃん　大人も子どもも同じですよ、酒寄さん！　ただ、みたらしの場合はこの気持ちになったとき、私たちみたいに自分でどうにかできないからどうしても大人に迷惑がかかっちゃいますけど、それはその気持ちを理解する我々大人が手助けしてあげる場面ですよ！

田辺さん　私に任せな！　ちょっと動画撮って〜！

　そう言って、田辺さんは息子あてに「みたらし〜！　田辺さんも体操教室（ジム）行ってるんだよ！　一緒だね！　田辺さんも頑張るからみたらしも一緒に頑張ろう！　どっちが頑張れるか競争だよ！」という内容の動画を撮ってくれました。

あんりちゃん　まぁ、私はみたらしと酒寄さんなら最終的には酒寄さんの味方につくので、私がみたらしに説教してやりますよ。

田辺さん　あら！　私はみたらしの味方よ！　みたらしのバックには田辺がい

るよ！

あんりちゃん 田辺さんがバックについてるとかよえ〜。

田辺さん 本当だよね。

あんりちゃん 自分で雑魚って認めないでくださいよ。

私 2人ともありがとう。子どもはわからないって決めつけていたけど、大人も同じだったね。

あんりちゃん もしかしたら我々が大人になりきれていない4歳児のままなのかもしれません。

田辺さん こんなでかい4歳児いないよ。うける〜！

　この後も、田辺さんは息子に、「体操教室、田辺さんも頑張ってるよ〜」という動画を定期的に送ってくれます。そして、息子もなんだかんだ今は楽しく通っています。

　ちなみにはるちゃんはこういうとき、話を聞きながらずっと、「みたらしかわいい〜！」と言い続けてくれます。私にとってとても嬉しい言葉です。

36歳の誕生日

　４月16日は私の誕生日です。なぎら 健壱さん、BONNIE PINKさん、ポムポムプリンと同じ誕生日なので、この日に生まれたことをかなり気に入っています。

　2024年の４月16日は36歳の誕生日でした。その数日前、田辺さんから連絡がありました。

田辺さん みたらしとの「トイレトレーニング成功したら焼肉行く」って約束まだ果たしていなかったからお祝いしたい！

　田辺さんは昨年末に息子と焼肉に行ったのですが、それは彼女曰く、「あれはただ会いたいから食べる焼肉」だったそうです。

田辺さん ４月16日はどうかしら？

　こうして、36歳の誕生日は田辺さんと息子と一緒に『トイレトレーニング成功のお祝い』をすることになりました。
当日。

田辺さん あ！　みたらし！

　浅草の駅ビルにある焼肉屋集合だったのですが、偶然、田辺さんと途中

の階で会いました。

> **田辺さん** みたらし！　ここがどこかわかる？　前にも一緒に来たわよね
> 　　　　　　〜ヒントはあ、
> **息子** ニトリ。

私たちはニトリのフロアで偶然会ったのです。

> **田辺さん** あら！　天才！　浅草って答えを望んでいたけどここは確かに
> 　　　　　　ニトリだよ！
> **息子** お、ねだん以上。ニトリ。
> **田辺さん** そんなことまで知っているの！　すごいね!

ニトリで盛り上がる2人と一緒に焼肉屋に入りました。

> **田辺さん** カルビ美味しい?
> **息子** うん。
> **田辺さん** よかった！　ぼっちゃんいっぱい食べてね！
> **息子** 僕はぼっちゃんじゃない！
> **私** （田辺さん、ヒデじいを実践している）

　近頃の田辺さんは、「みたらしのヒデじいになりたい」と言います。ヒデじいとは、『ちびまる子ちゃん』に登場するキャラクターであり、まるちゃんのクラスメートでお金持ちの花輪クンの執事です。ヒデじいは礼儀正しく優しい人で、花輪クンに愛されています。

> **田辺さん** よ！　ぼっちゃん！

息子　ぼっちゃんじゃない！

　この日、田辺さんはヒデじいが花輪クンを呼ぶときの【ぼっちゃん呼び】をまねしていました。息子はそれに対して激怒。

田辺さん　焼肉食べているからぼっちゃんだよ！
息子　ぼっちゃんじゃないもん！
田辺さん　ごめんごめん、みたらしはみたらしだよね。実は田辺さんね、バク転できるんだよ！

　謝りながらバク転ができると嘘をつく田辺さん。落ち着いたころに、

田辺さん　ぼっちゃん、カルビまだ食べられる？
息子　ぼっちゃんじゃない！

　隙を見てはぼっちゃんを挟む田辺さんが、「この後どうしたい？」と、息子に聞き、息子が「花やしきに行きたい」と言ったので、焼肉の後は花やしきに向かうことにしました。

田辺さん　今からタクシーに乗るよ！
息子　やったー！
田辺さん　でも、今日は特別だから乗れるんだよ。普段は乗れないからね。

　酒寄家は電車移動が多く、滅多にタクシーは乗れません。それを知っている田辺さんは今後私が困らないよう、息子に「今日は特別だからタクシーに乗れるのである」と、焼肉屋からタクシーまでの道のりでずっと言い続けてくれたのです（田辺さん曰く、「ママが言うより別の人が言った

方が効果ある気がして」)。

田辺さん 今日は特別だからタクシーに乗れるんだよ。わかった？

息子 うん！

田辺さん 今日は特別だからタクシーに乗れるんだよ。わかった？

息子 …うん。

田辺さん 今日は特別だからタクシーに乗れるんだよ。わかった？

　田辺さんは101回目のプロポーズならぬ、101回くらいタクシーは特別であるを言い続けました。そして、タクシー乗り場に到着。

運転手さん ご乗車ありがとうございます。

田辺さん さ、乗るよ。

息子 乗らない！　タクシー乗らない！（号泣）

　息子いきなり号泣。驚くタクシー運転手さん。焦る田辺さんと私。

田辺さん ごめんね！　私しつこかったね！

息子 僕タクシー乗らない！（号泣）

田辺さん あのね！　これ、タクシーじゃないの！　タクシーに見えるけどタクシーじゃないの！

　田辺さんはバク転に続き、また嘘をつきました。

私 （どう見てもタクシー）

息子 タクシーだよ！

田辺さん これはタクシーじゃなくて、花やしきタクシーなの！　花やし

きに行くタクシー！　タクシーじゃないよ！

　私は、（花やしきタクシー？　それは結局タクシーでは？）と疑問に思いましたが、息子は、「それなら乗る！」と、納得してくれたので無事にタクシーで花やしきまで行くことができました。
　花やしきではいろんなアトラクションで遊びました。田辺さんがちょくちょく「ぼっちゃん」と呼び、息子がその都度、「ぼっちゃんじゃない！」と怒りましたが、2人は楽しそうに遊んでいました。

> **息子**　メリーゴーランド乗りたい。
> **田辺さん**　乗りましょう！

　息子と田辺さんは隣同士の馬に乗り、私は小さい子どもが乗った場合は付き添いが必要だったため、2人の馬の間に立ちました。メリーゴーランドは私たちを乗せて回転します。

> **息子**　楽しい！
> **田辺さん**　楽しいね〜！
> **息子**　これ後、どれくらいある？
> **田辺さん**　一生だよ。一生私たちはここで回り続けるんだよ。
> **息子**　えー。
> **田辺さん**　一生田辺さんとここで回り続けるんだよ。

　田辺さんの一生宣言の後、すぐにメリーゴーランドは回転を終えました。

> **私**　短い一生だったね。
> **田辺さん**　でもさ、現実の一生もこれくらい短いかもね。だからみんなで目

一杯楽しまなきゃね。

　その後もたくさん遊び、帰る間際、息子が、「メリーゴーランドにもう一回乗りたい」と言いました。

田辺さん　私疲れちゃったからママと乗って来な。外から写真撮るよ。

　息子は馬ではなく、今度は馬車を選びました。外から田辺さんが、

田辺さん　馬車ならママも一緒に乗れるね！

　と、手を振ってくれました。

息子　……これに田辺さんもママもみんなで乗りたかったの。
私　田辺さん！　みたらしがみんなでこれ乗りたいって！
田辺さん　今行くうううううううう！

　36歳の誕生日。私は、今までの人生で一番素早い田辺さんの動きを見ました。そして、3人一緒に一生回り続けました。

【おまけ】

　後日、田辺さんが、「4月16日にしたのは、一番は酒寄さんの誕生日だったからよ。誕生日に私に会いたいと思って」と言っていました。【ミート・田辺】だったようです。

  # 激しい日常

　愉快な仲間達と美味しいお寿司を食べた次の日、顔の半分が腫れました。ちょっと尋常じゃないくらい腫れました。私はまず、思いました。

　　私　昨日、お寿司を食べておいてよかった。

　以前の私だったら「私みたいな大した仕事もしていない者がお寿司を食べたから罰が当たったんだ」、そう思ってのたうち回ったことでしょう（ちなみに、腫れの原因は体調不良でお寿司と全く関係ありません）。
　顔が腫れたのは本当に嫌ですが、顔の腫れによって、「なんか、最近、考え方が変わったな」と、思いました。
　考え方が変わる要因はいろいろありましたが、その中のひとつにこんなことがありました。

　息子が生まれていろんな人から、
　「大変だと思うけど、子どもってすぐに大きくなってしまうから、今を楽しんでね」そう言われました。
　私は、「なるほど、今は今だけなのか」と、教えられたとおり、０歳の息子、１歳の息子、２歳の息子、３歳の息子、４歳の息子、１か月前の息子、昨日の息子、今日の息子と、生まれてから毎日の息子を、

　　私　（ああ、今の息子を大切にしよう）

と、なるべく息子も私も「楽しい」と思えるように過ごしてきました。そんなある日、ふと思いました。

　　私　（よく考えたら、息子だけじゃなくて、人類全員、今は今だけだ）

　もう私を必要としなくなるほど息子が大きくなった後も、息子の今は今だけだし、ぼる塾のあんりちゃん、はるちゃん、田辺さんの今も今だけだし、夫も、私の両親も、夫の両親も、友人も、ぼる塾を応援してくれる人も、この瞬間はもう二度と戻ってこないものなのだと気づきました。
　私はいつも当たり前のことに気づくのにとても長い時間を費やします。この歳で気づきました。

　例えば、道を歩いていて、前から歩いてくる人の今も今だけだし、この人の二度と戻ってこない人生の瞬間を私は目撃しているんだと思うと、なんというか、すごく感動しました。
　そう思うようになると、人から優しくされたことが、とても貴重でありがたいことなんだと、強く思えるようになりました。

　私はひとつ嫌なことがあると、たくさんの良いことが消されてしまうような人間でした。
　ですが、みんなの二度と戻ってこない人生の瞬間に「私と一緒に過ごしてくれたり、優しくしてくれたりしていたんだ」、そう思うと、嫌なことよりも、良いことがいかに重要なのかが本当に理解できました。

　スーパーでアルバイトをしている大学生くらいのお兄さんが、レジで袋詰めにもたついた私に、「お客さん並んでないし、ゆっくりで大丈夫ですよ！　堂々と使ってください！」と、声をかけてくれたことが、

私　　（お兄さんの人生の二度と戻ってこないこの瞬間、私に優しくして
　　　　くれた。お兄さんの人生を私への思いやりに費やしてくれた）

　大袈裟かもしれませんが、本当に二度と戻ってこないんです。この瞬間
は平等に。私もそうです。しかも、いつ終わりが来るのかわからない。そ
う思うと、

二度と戻ってこない人生なんだから後悔しないように生きよう。

　そう感じるようになりました。人生という言葉は自分のものだけではな
く、周りの人の人生も含めたものなのだという認識に変わりました。
　周りの人の優しさに気づくとか、一緒にいられる時間を大切に過ごすと
か、そういう日常を大事に生きられるようになろうと。
　目の前にいることが当たり前になっている人だって、この瞬間のその人
とは、もう二度と会えない。そして、明日も当たり前に会えるかわからな
い。そう思うと、とっても怖くなりました。

私　　周りの人の人生で、私に費やしてくれた瞬間を損させないために
　　　　私はどうすれば良いのでしょう？

　私は引っ越しとか貯金とか老後とかもっと話し合わなければいけないこ
とがたくさんあるのに、こういうことばかり夫に相談してしまいます。

夫　　そんなに深刻に考えなくても、人って「嫌がらせしてやろう」っ
　　　　て気持ちで行動しなければそんなに周りに酷いこと出来ないと思
　　　　うよ。あと、どちらかが我慢して成り立つ優しさもいつか崩壊す
　　　　ると思うから、我慢するのとは少し違うんだろうね。

私	我慢は違う。
夫	うん。我慢する事柄なら話し合えばいいし、そこでお互いのベストを探せばいい。そこで理解し合えず「そっちが我慢しろ！」って強制してくる相手だったら別にその人に無理してまで優しくする必要ないでしょ。そのせいで自分がダメージ受けて周りの関係ない人に態度悪くなったら一番良くないよ。
私	私は自分の気分で関係ない人に態度を悪くしていた人間です。
夫	されていたから知ってる（笑）。極論、自分に優しい人に優しくするでいい。だって大半の人は優しい。仕事相手とかこちらがお金をもらっていて、ちゃんと厳しいこと言わなきゃいけない人からの意見は別枠だけど、そこはもう流石に気づけるでしょ。
私	わかります。
夫	それからみんな深刻に考えずに人に優しくしてると思うよ。「優しくする」ってわりと無意識な行動だから。「このタイミングで優しくしてやろう」とか思ってやってないよ。
私	そうですよね。今、私はくだらないことを話して〇〇さん（夫の名）の人生損させてます？
夫	全然。こういうことを話すの大好きだから。少なくともオレと向かい合うときは「嫌がらせしてやろう」って思わないでいてくれたらそれで平気だよ。

　ここまで書いて何が言いたかったのかよくわからなくなってきましたが、こんなことがあって、愉快な仲間達と美味しい寿司を食べた人生の瞬間があって本当によかったと感じる思考回路に辿り着きました。

　そして、私は夫に「嫌がらせしてやろう」と思わず生きます。

  # 書く理由

　生きていると、「あのときこうしていればよかった」と、後悔すること
もありますが、それと同様に、「あのときこうしてよかった」と、思うこ
とも多いです。

私　あのとき文章を書き始めてよかった！

　育休中に書き始めたぼる塾のエッセイがこうして3冊もの本になった
のです。書き始めていなかったら自分がぼる塾としてどうなっていたかも
わかりません。書くことでぼる塾としての自分を見つけられたように思い
ます。あの日の私、マジナイスとしか言いようがありません。

　こんな私ですが、芸人になるまでろくに文章を書いたことがありません
でした。宿題の読書感想文程度で、それもどちらかというと苦手でした。

私　（私って一体どうして文章を書くようになったんだっけ？）

　私が最初に自主的に書いた文章は漫才です。田辺さんとの元コンビ「猫
塾」の時代の話になります。今はどうかわかりませんが、私が通っていた
ころの養成所はネタの作り方は教えてくれませんでした。
　ネタ作りを一から教えてもらえると思った私は焦りました。
　養成所のネタ見せの授業は、

①まず漫才やコントを作ってくる
②それを構成作家さんに見てもらう
③ネタを見た構成作家さんからアドバイスをもらいネタに反映する

　自分のネタを持っていないと授業に参加できないのです。入学金で40万円払っているのですから、授業は1回でも多く参加したい。私は人生で初めて漫才を作りました。構成作家さんからはぼろくそに言われました。

作家さん　もっと自分たちがやるということを意識したほうがいいよ。

　私はこのときのアドバイスの意味がよくわかりませんでした。よくわからないまま漫才を作り続けました。入学から1か月もすると、一度もネタ見せをせずに辞めていく同期も現れました。私はネタを書き、毎回ネタ見せに参加はしていましたが、全く評価はされませんでした。私だっていつ辞めてもおかしくなかったのですが、私には強い意志がありました。

私　40万円払っているのだから卒業まで居続ける。

　この40万円がなかったら辞めていた可能性もあるので、私は40万円払ってよかったと思います。

　そして、40万円になんとか繋ぎ止めてもらっている間に、相方である田辺さんとどんどん仲良くなっていきました。田辺さんは知れば知るほどおもしれー女でした。
　ある日、田辺さんが道に迷っていた韓国人の旅行者の方を流暢な韓国語で助け、道案内をしたことがありました。彼女が韓国語を話せることを知らなかった私はびっくりしました。

私　韓国語話せるなんて知らなかったよ。

田辺さん　昔、新大久保の韓国人の店員さんに恋をしたことがあってね。彼とおしゃべりしたくて独学で覚えたの。で、やっと時間をかけて覚えて彼に韓国語で話しかけたら、彼ってば流暢な日本語で「ぼく、国に帰ります」って韓国帰っちゃったの！　日本語堪能だったの！　しかも私、彼に会うために毎日サムギョプサル食べて20キロ太ったの。ウケる〜。

この日のネタ作りで田辺さんの事実を超える漫才は書けませんでした。

私　田辺さんの事実を漫才にした方が面白いんだけど、漫才にしてもいい？

田辺さん　オッケーよ。

次のネタ見せのとき、田辺さんが韓国語でモテテクを披露していく漫才を披露しました。田辺さんは日常会話だけでなく、「みんな私に惚れている」などの韓国語も話せたのです。

作家さん　そうそう！　こういうことだよ!

初めて構成作家さんに褒められ、私は田辺さんの面白さに勝てるものはないと思うようになりました。

田辺さん　今度のトークの授業、ベーグルが焼けることを話そうと思う。

養成所にはネタ見せ以外にも、トークの授業もありました。自分のエピソードトークを披露する授業です。

私　え！　田辺さんもっとネタあるよ！
　田辺さん　いや、私なんてベーグルしかないよ……。

　田辺さんは韓国語が話せる他にも、27歳でギャルデビューしたことや、KAT-TUNの亀梨さんを長年応援しているために、細かすぎて伝わらない亀梨さんの魅力を語るなどいろいろ武器を持っていたのです。ベーグルが悪いわけではありません。他が強すぎるのです。

　しかし、田辺さんにとってこれらのことは自分のただの日常なので、面白いとは思っていませんでした。

　私は構成作家さんに、「田辺は自分の面白さがわからないから酒寄が田辺の面白さを覚えていてあげてね」と、言われていました。

　　私　わかった！　一緒に田辺さんのエピソードトーク考えるから田辺さんのことなんでも私に教えて！

　こうして私は田辺さんに「今日楽しかったことあった？」と、お母さんのように毎日聞くようになりました。そして、田辺さんの許可をもらい、Twitter（現X）にメモのように「田辺さんの楽しかった思い出」を残しました。ぼる塾になってあんりちゃんはるちゃんのことも記録するようになり、3人分だとTwitterの字数制限では全く足りなかったのでnoteというサイトで文章を書くようになりました。

　今でも私は文章を書き続けています。
　私の場合、『今、自分の頭の中にある忘れたくないこと』を書いていたから書くことを続けられたのだと思います。大切が詰まっています。ですから、自分の文章は私にとって宝物です。

　……ここまで書いて、田辺さんと昔のことを確認しあっていて事実とずれていた部分があったので訂正させてください。

　私は田辺さんの面白さは彼女にとって日常だから彼女自身はわからないと思っていたのですが、実際は「あの頃の私は自分に自信がなかったから面白いと思えなかった」のだそうです。

> **田辺さん**　私は酒寄さんが「田辺さんは面白い」ってずっととなりで言い続けてくれたことで自分に自信を持てるようになったよ！　今は言える。「私は面白い」。一体何が面白いのかはわからないけど。
>
> **私**　そうだったのか…知らなかったよ。
>
> **田辺さん**　ずっと褒め続けてくれたけど、なかでも忘れられない酒寄さんのひと言があるの。
>
> **私**　私、何か言ったっけ？
>
> **田辺さん**　「田辺さんはお金になる！」って言っていたよ。
>
> **私**　本当に!?　当時の私褒め方間違っている！

　自分の変な事は忘れている私でした。

ぼる塾田辺の
食べるわよチャンネル

　私の仕事の1つに、YouTubeの動画編集があります。今は主に田辺さんの個人チャンネルの編集をしています。田辺さんの誘いは突然でした。

田辺さん　話変わるんだけど、私も個人チャンネルを始めようと思うの。

　その日、私と田辺さんは直前まで「ドラゴンボールのクリリンはナメック星に行ったとき、一体何歳ぐらいだろう？」という話をしていました。

私　あんりちゃんもはるちゃんもやっているしね！　田辺さんのも楽しみ！

　ぼる塾は結成当初からYouTubeをやっていましたが、あんりちゃんとはるちゃんは個人チャンネルも始めていました。

田辺さん　編集を酒寄さんにお願いしたいの。これは正式な仕事依頼よ！
私　え！　私でいいの？　ぼる塾チャンネルの動画で編集は覚えたけど、編集技術低いよ！　ちゃんとした人にお願いしたほうが良いのでは？
田辺さん　そんなのはいいの！　酒寄さんが私のこと一番わかっているからお願いしたいの。
私　……田辺さん！

　私は田辺さんの心がこもった言葉に感動し、「私で良ければ頑張るよ！」とその場でOKしました。

　私　それで、どんなチャンネルにするの？
　田辺さん　わかんない。個人チャンネルは始める。内容はない。
　私　夏目漱石の『吾輩は猫である』みたいに言わないでよ。

　その後、「吾輩はノープランである」という田辺さんと作戦会議をしました。田辺さんが好きなことや気になること、田辺さんがよく見るYouTubeを参考にし、田辺さんが美味しい物を食べてみんなに紹介するチャンネルで活動していくことが決まりました。田辺さんは美味しい物を食べたとき、みんなにも食べて欲しいという気持ちが人一倍強いのです。こうして【ぼる塾田辺の食べるわよチャンネル】が生まれました。

　いざ始まってみると、田辺さんの個人チャンネルは初日から大変でした。

　田辺さん　私うぬぼれていたかもしれない……。私がYouTube始めたら1日で登録者10万人くらいいくと思っていた。
　私　それは確かにうぬぼれているかも。

　詳しい数字は忘れたのですが、【ぼる塾田辺の食べるわよチャンネル】は1日目で多くの人がチャンネル登録をしてくれたのに、田辺さんが目標を高く持ち過ぎていたためへこむというハプニングがありました。

　田辺さんの動画の編集は大変であり楽しいです。なぜなら何が起こるかわからないからです。田辺さんがソーメンを紹介している動画で、直前までちゃんとソーメンと言っているのに、

田辺さん　このラーメン！　気になり過ぎるから食べよう！

なぜか、ソーメンをラーメンと言い出すのです。

　別の動画では、田辺さんが「埼玉のお店です」と紹介していて私が調べたら神奈川のお店だったり、資生堂の『クレ・ド・ポー ボーテ』を「くれどぽーぽーて」と惜しく間違えたりと、私の編集で一番時間を割くのは田辺さんのうっかり間違いの訂正です。

　ですが、そのミスすらも田辺さんの良さなのです。もちろん、間違った情報を発信するのはいけないことなので私が正しい情報の修正はします。ですが、間違っていようが、田辺さんがその食べ物や化粧品が大好きという気持ちは編集していて伝わってくるのです（気づいたら食べ物以外のこともやるチャンネルになりました）。

私　ミスすら可愛く見えてくる田辺さん…おそろしい子！

　おそろしいと言えば、田辺さんの個人チャンネルではとんでもないことがありました。ある日、マネージャーさんから電話をもらった田辺さんが悲鳴をあげました（私は偶然その場にいました）。

田辺さん　大変！　KAT-TUNの亀梨さんが私のYouTubeに遊びに来るって…！

私　嘘でしょ！

田辺さん　嘘じゃないの！　やばい！

　KAT-TUNの亀梨さんは田辺さんが20年以上推し続けている『推し』です。その亀梨さんが田辺さんの個人チャンネルに遊びに来てくれることに

なったのです。

　田辺さんは決まったその日から撮影当日まで、「今は亀梨さんのことしか考えられない」と言い、私含めたぼる塾のメンバーは、「それは仕方がない。今は亀梨さんのことだけ考えて」と、ネタ合わせ中に明らかに田辺さんが亀梨さんのことを考えていても見逃しました。

　そして、撮影当日。私は、サブカメラの撮影（メインカメラの撮影はミスが怖すぎて有能な作家さんに頼みました）や場所のセッティングなどを行うため、田辺さんと亀梨さんの共演現場に立ち会いました。田辺さんは本当に幸せそうでした。

　　私　（田辺さんのこの姿が見られただけで編集をやっていてよかった）

　生で拝見する亀梨さんは格好良すぎて私は尻もちをつきそうになりましたが、そんな場合ではないのでぐっと耐えました。亀梨さんはとても優しい方で、撮影外の時間も面白いことを言って場を和ませてくれました。
　私はとにかく田辺さんにとっても亀梨さんにとっても良い動画になるように自分にできることに徹しました。

　そして、撮影終了。今日一日ハードスケジュールだったはずの亀梨さんは最後までずっと笑顔でした。亀梨さんがその場を去るときが来ました。

亀梨さん　田辺さん、今日は本当にありがとうございました！
田辺さん　こちらこそ本当にありがとうございます！
　　私　（田辺さんはこんなに素敵な方を20年以上推しているのか。田辺さんは20年の良い使い方をしている）

私がそう思っていると、亀梨さんがなぜか私の元にやってきたのです。

亀梨さん　亀のスタッフさんもありがとうございました！

　私はこの日、偶然現場にドラゴンボールの亀仙人のスカジャンを着て行っており、でかでかと「亀」という文字が書かれた服を着て亀梨さんの前でカメラを持ってうろうろしていたのです。本当に偶然です！　嘘じゃないです！　来る途中にマネージャーさんが気づいて、「酒寄さんめちゃくちゃ『亀』って文字書いてありますね」と言われて私も気がついたのです！　でも亀梨さんは気づかないだろうと思ってそのまま着ていたのです！　まさか気づかれていたとは！

　　私　　あわわわわ。
　亀梨さん　それではお疲れ様でした！（去っていく亀梨さん）

　亀梨さんは一スタッフ（メインカメラの作家の子によく注意されている亀仙人の服を着たサブカメラの女）のことも気にかけてくれる優しい方でした。
　田辺さんからは「ずるい！」と言われました。

※この動画は期間限定だったため、現在公開は終了しています。たくさんの方に見ていただきました。ありがとうございます!

  今の酒寄さんができるまで

　私は育休が明けてぼる塾として活動を始めた後も3人とは別の働き方をしています。

　私の現在の主な仕事内容ですが、劇場出番、ネタ作りなど劇場に関すること、執筆、YouTube関連のことなどをしています。ここに当てはまらないお仕事をいただくこともあり、ありがたいことに毎日仕事に追われる日々を送っています。表舞台に立つ仕事と、裏で作業をする仕事の両方をしている形です。私の性格に非常に合っています。

　今の働き方になった理由ですが、家族との話し合い、ぼる塾での話し合いをきちんと行いました。こう書くと私がしっかりした人みたいですが、私自身はこのとき復帰することに対して力が入り過ぎていました。周りの人たちが冷静に判断してくれたおかげです。

　夫からのお願いはこうでした。

夫　3人として認知されているぼる塾に後から入るのは大変だと思う。だから、復帰するなら自分がぼる塾であると自信を持って言える収入を自分の力で手に入れられるようにしてほしい。3人は優しいから、あなたがぼる塾の楽しい部分だけをもらって働いても許してくれると思う。でもそれじゃあ永遠に3人に追いつくこ

とはできないし、多分あなたの性格上ずっとしんどいと思う。

　このときの夫の言葉は、現在私がぼる塾として働く中でとても重要なアドバイスになっていました。お金の話はデリケートに思われ、あまり話さないほうが良いと思われがちですが、ちゃんと話すべきです。お金は大事！　自分の力で収入を得ること（または自分の力で得られたと思える収入）は、仕事をする上で自信とやる気につながります。そして、自分がするべきことが明確になります。私は夫に必ず守ると誓いました。

　そして、ぼる塾での話し合いですが、3人からのお願いはこうでした。

3人　育休が明けたからと言って子育てが終わったわけではない。むしろ始まったばかりなので、酒寄さんにとって無理のない働き方をして欲しい。ぼる塾は『楽しい』が大切なので、ここで焦らないで欲しい。

　私は3人の言う通り、焦っていました。トリオとして認知されているぼる塾を、「早く4人であることを知って欲しい」と思う気持ちに急かされていました。

あんりちゃん　みたらしの成長をきちんと見守ることもでき、なおかつぼる塾としても頑張れる働き方がベストだと思います。一気に全部を私たちと同じように行動したら酒寄さんの体も心も持ちません。私たちはゆるそうに見えてハードスケジュールです。

田辺さん　私たちも水着NGとか出してもなんとかなっているし、酒寄さんもNG出して良いんだよ。

はるちゃん　酒寄さんはぼる塾で何がしたい？

　焦りや不安をとっぱらったとき、自分はぼる塾として何をしたいか。そして、どうすればぼる塾としての自分に自信がもてるのか。

| 私 | 私は4人で舞台に立ちたい。4人でネタを頑張りたい。 |

あんりちゃん　いいですね！　酒寄さんのぼる塾としての第一歩は舞台にしましょう！

　　私　あと、育休中に文章を書き続けたことで文章のお仕事も少しずつもらえるようになったから、そこも頑張りたい。

田辺さん　いいと思うよ。酒寄さんの文章は私の好感度が上がる内容だからこれからも書き続けてほしいよ。

　　私　それとYouTubeも頑張りたい。編集も頑張ってみたい。今の自分にできることを増やしたい。

はるちゃん　酒寄さん早速忙しくなっちゃうね！

　　私　でも、本当に今の私が仕事を選んで良いのかな？

あんりちゃん　良いに決まってます！　むしろ今選ばないでどうするんですか！

田辺さん　そうそう！　あんたつぶれるよ！

はるちゃん　そうだよ！　ぼる塾はずっと続くんだよ！

　テレビの仕事に関しても話し合いました。ぼる塾はテレビの仕事が多くあります。

田辺さん　私は今出なくていいと思う。むしろ出ないほうが良い。

　普段、話し合いのときはおやつに集中している田辺さんがこのときは真剣に意見をくれました。

田辺さん	テレビって周りの人がどんなに優しくても神経が擦り切れるの。酒寄さんの性格上、テレビが一番弱点になると思う。今無理にテレビに出て良いことひとつもない。舞台も出て文章も書いてYouTubeやってテレビもって、そんなにたくさんできない。もっと落ち着いてからでいいよ。
あんりちゃん	テレビは時間も読めないですしね。保育園の時間的に出られるからとかそういう理由でテレビの仕事を選ぶのは私たち3人の出す「NG仕事」と違うと思います。それはテレビの仕事に対して失礼だし、いっそ全部出ないほうが誠実ですね。
はるちゃん	早朝とか夜中とか泊りもあったりするしね。
田辺さん	怖がらせたいわけじゃなくて、酒寄さんにはみたらしと過ごす時間も大切にして欲しいのよ。みたらしは私の友だちだからね。
私	ありがとう。私も今テレビの仕事まで頑張ろうとしたら、ダメになると思う。

　ですから、今私はテレビには出ていません（『THE W』決勝や『ぼる部屋』のバスツアーなど特別なときは例外にしています）。

　自分の弱点を認めることも大事なことだと思います。ですが、弱点を認めてもそれに対して卑屈になることもありません。私のことを思ってくれているメンバーの気持ちが痛いほど伝わったからです。

私	まずは劇場と、自分がぼる塾として貢献できる可能性の高いところから始める。そうやって私もぼる塾になっていく。
田辺さん	何言ってんの！　酒寄さんはずっとぼる塾だったよ。
あんりちゃん	お笑いカルテットの育休中の1人が戻ってくる。私たちが今からすることは多分世界で初めてのことです。だから、恐らく叩く人はいます。でも、そういう人は私たちが何をしても叩きます。テ

レビに出ないことを叩く人はテレビに出ても叩きます。**だったら自分たちが楽しいほうが良いじゃないですか。**

はるちゃん 私たちが世界初!?　格好いい！

　今回の話は読んでいる方にとって面白い内容なのかわからず書いていて心配です。ですが、私のように焦りを感じている人や、「助けてあげたいけどどう行動したら良いのかわからない」と思っている方のヒントになれば良いと思います。

私すごい

◎某月某日

息子と子供番組を見ていて、「ほら、バナナだよ〜」と言ったら、「お月様だよ」と訂正される。しっかり見ると、夜空に星と共に浮かび上がるそれは、どう見てもお月様だった。私は息子に言われるまでバナナとヒトデだと思っていた。私は間違える、ということを今日も胸に刻む。

◎某月某日

猫のエッセイ漫画を読む。癒される。最後のページでその猫がもうこの世にいないことを知る。もう一度最初から読む。同じ内容なのに、全く違って見える。

◎某月某日

息子が「お前」という言葉を使い、夫が「お前と言う呼ばれ方をすると、良い気持ちはしないから別の言葉で呼んで欲しいな」と言う。それを聞いて息子が、「あなた！」と言い、夫が「奥さんにも呼ばれたことないのに！」と言っていた。

◎某月某日

息子に靴を履かせようとしたとき、息子が足をクロスしただけでもうどっちが右でどっちが左かわからなくなる。

◎某月某日

よく行く歯医者さんに、「お母さん。間違えた、酒寄さん」と間違われる。

◎某月某日

家電量販店に行ったとき、PS4のソフトの棚に木村拓哉さんが主人公のゲーム『JUDGE EYES』を発見したので、キムタクファンの息子に「ほら！　キムタクがいるよ！」と教えてあげる。トイレから戻ってきた夫が、PS5のソフトの前でリマスター版『JUDGE EYES』を発見し、「ほら！　キムタクがいるよ！」と、全く同じことをしていて、夫婦って似るんだなと思う。

◎某月某日

よく行く歯医者で次回の予約をしているとき、歯医者さんが「あれ、○日ってこんなに予約空いてたっけ？」と言う。私に聞かれても困るので黙っていると、歯医者さんは仲間のひとりに「この日ってこんなに空いていたっけ？」と聞き、聞かれた仲間の人が「後で話す」と、言う。すると、聞いた歯医者さんは「何かあったのか？」「後で話す」「何かあったのか」「だから、後で話す」「何で今言わないんだ」「後で話す」。

私は、（○日に私の予約を入れたいのかな？　だとしたら早く今話せ）と思いながらじっと待つ。ついに、仲間の人が、「予約を変えて欲しいという連絡が来たけど、予約を取り消した後、変えた日にちなどを書いたメモをなくした」と、告白。聞いた歯医者さん激怒。その後、歯医者さんは私に、「じゃあ×日でどうですか？」と問題になっていた日と全く違う日にちを提案してくる。×日に予約をして帰る。

◎某月某日

息子が保育園に入り、いつも一緒にいた「こねこちゃん」という息子お気に入りのおもちゃと離れ離れの時間ができる。息子は「こねこちゃん待っててね」と言って保育園に向かう。私は母親目線では

なくこねこちゃん目線になって息子の成長を感じて涙ぐむ。

こねこちゃん「いつか、私がいなくても大丈夫な日が来るんだね」。

トイストーリーの影響で、子供の成長をおもちゃ目線になって感じる大人は絶対に増えたと思う。

◎某月某日

私の母と息子と3人で公園に行く。小学2年生の女の子が息子と一緒に遊んでくれた。その子は仙台から単身赴任のお父さんに会いに遊びに来ていたそうで、もう会えないであろう息子と女の子のせつなの思い出に眩しさを感じる。

仲良く遊ぶ2人を見ながら母親に、

私「小さな青春だね。私はあっち側に行くことはもうないと思うと寂しい。いや、なんならあっち側にいたことがあったかわからない」

母親「あったよ。3歳くらいの時、あんたの兄さんの友達の男の子がのんちゃんのんちゃんってあんたのこと大好きでさ。公園に行くとすごく可愛がってくれたのよ」

自分のモテキが3歳でできていたことが発覚し、「どうせなら20代らへんにそういうことがあって欲しかった」と言うと、母親に「あんた、20代のあんたが公園で遊んでて、そこで優しくしてくれる男は絶対にマルチ商法だ」とよくわからない意見を言われる。公園以外のモテキの可能性も考えて欲しい。

◎某月某日

バックスペースキーを押すたびに私も足の指先から少しずつ消えてしまえばいいのにと思う。その後で生姜は身体に良いからと摂取する。私は自分が嫌いなのか好きなのかよくわからない。

◎某月某日

息子を抱っこするたびに「大きくなったねー。重くなったねー」と、つい言ってしまう。息子は生まれたとき小さく生まれてしまったので、大きくなることが、どんどん重くなっていくことが、わたしは嬉しくて仕方がない。100パーセントの褒め言葉で私は言う。

私「大きくなったねー。重くなったねー」

私は以前、全く同じ言葉を言われて食事ができなくなるほど嫌な気持ちになったをことがある。私はその言葉を、100パーセントの褒め言葉で使う。自分がされて嫌なことは人にもしない。それはひどく難しいことだなと思う。息子は私の言葉に笑顔で「重くなったでしょー」と、言って、喜ぶ。

◎某月某日

もうすぐ1つ歳を取る。私すごい。

ぼる塾晴天！

フライデーされる女たち

　みなさんはFRIDAYを知っていますか？

「金曜日！」

　そう答えた方は惜しい！　私が尋ねた『FRIDAY』は、よく有名人の熱愛スクープなどが載っている週刊誌のほうです。「フライデーされる」という呼称があるほどで、有名人の方は恐れている人も多いと思います。しかし、ぼる塾の3人は違いました。

あんりちゃん　ぼる塾あんり、熱愛発覚でフライデーされたい。

はるちゃん　ぼる塾きりや、イケメンとドライブデートとかで載りたい！

田辺さん　ばかっ！　イケメンとのフライデーは私が一番最初だよ！

　と、暇さえあれば誰が一番最初にフライデーされるかで言い争っていました。私も（いつか3人の誰かがフライデーされることもあるかもな）くらいに考えて3人の争いを見ていたのですが、思いもよらない形でぼる塾はフライデーされることになりました。

　某月某日。ぼる塾4人のグループラインに田辺さんからメッセージが送られてきました。

田辺さん　田辺あんりフライデーwwww。

なんと田辺さんとあんりちゃんが2人でフライデーされたのです。

　私は2人がいつの間にか交際していたのかと思い、慌てて一緒に送られてきた『FRIDAYデジタル』の記事を読むと、田辺さんとあんりちゃんが舞台の合間の20分で買い物をし、そのとき声をかけてきたファンの方への対応が親切だったというものでした。

> **私**　**いや、ほっこり!!**

　ちょうどその日はぼる塾4人で集まる予定だったのですが、集合して早々話題は『FRIDAY』でもちきりになりました。

> **私**　**読んだよ『FRIDAY』!**
> **はるちゃん**　**フライデーされたね！　おめでとう！**
> **あんりちゃん**　**おい！　田辺！　なんでお前となんだよ！**
> **田辺さん**　**それはこっちの台詞よ!!**

　私たちは4人で再び『FRIDAY』の記事を最初から読むことにしました。

> **あんりちゃん**　すれ違う人々が向ける眼差しの先には、大柄な2人組の女性が並んで歩く姿があった……。**なんだよ、大柄な2人組って！　事実過ぎること書くなよ！**
> **田辺さん**　**そうよ！　わざわざ当たり前のこと書く必要ある!?**
> **私**　それより2人とも格好がそのまま過ぎない？　顔全く隠してないし、絶対に2人だってわかるよ。
> **あんりちゃん**　普段は帽子かぶってるんですけど、この日はたまたま2人とも帽子かぶっていなかったんです。まさかフライデーされるなんて思ってもいなくて。
> **はるちゃん**　田辺さん、こんなことまで書いてある！**「田辺は商品を取ると、**

レジに進んでそのまま購入。満足げな表情で店を後にした」って、満足げな表情までばっちり見られてるじゃん！

田辺さん フライデーするなら言ってよ！　私この日、にこにこぷんのTシャツ着てるじゃん！　フライデーされるならゴージャスにドレスとか着てきたのに！

あんりちゃん そんなやつと並んで買い物したくねーよ。

私 この写真なんてほぼ真正面からだけど、撮られてるって全然わからなかったの？

あんりちゃん 全然わかりませんでした！

田辺さん マジでわからなかった！

　記事と一緒に載っている写真を見ると、ほぼ真正面から2人が映っていて、気づかれずにいた記者の人はすごいなと思いました。

私 2人が後ろめたい記事を書かれることはないってわかっているけど、変な内容じゃなくてよかったね。あんりちゃんが田辺さんとフライデーされたのは可哀想だけど。

田辺さん なんであんりだけなのよ！　私も被害者よ！

はるちゃん 2人ともファンの人に神対応ってすごく好感度高いじゃん！

あんりちゃん そうなんだけど…でもそれで私思ったことがあって……。

　あんりちゃんは突然深刻そうな顔をし、小声で言いました。

あんりちゃん このスクープ、田辺さんが『FRIDAY』の記者にリークしたんじゃないですか？

田辺さん そんなことしないわよ！

あんりちゃん 予め記者の人に、「この日はこの時間にぼる塾田辺とあんりで買

い物します」って伝えておいて、記者がいるってわかっていたからファンの人に神対応したんじゃないですか？　**普段の田辺さん塩対応ですもん。**

はるちゃん 確かに！　田辺さん超塩対応だ！

田辺さん **私だって神対応するときだってあるわよ！　わざわざそんなリークしてまで好感度上げようとしないよ！　私もう十分好感度高いもん！**

　田辺さんはとても正直者でした。

あんりちゃん でも、リークしてなきゃこんな真正面から撮られて全然気づかなかったなんてなります？

田辺さん あんただって気づかなかったでしょ！

はるちゃん まぁまぁ、どうだろうと2人とも憧れのフライデーされたんだからよかったじゃん！　イケメンとのフライデーは私に任せて。

あんりちゃん 偉そうに！　お前も相手いないだろ！

田辺さん **…ねえ、私さ、もうひとつこの記事で気になることがあるのよ。**

　田辺さんはそう言って、記事の一部分を指さしました。

田辺さん 私たちの記事の最後にぼる塾あんりと田辺を高評価しているバラエティ番組キー局プロデューサーのコメントも載っているじゃない？

私 「2人ともトーク力は申し分ないうえに、最近の女性芸人にはない面白さがある」って絶賛してくれているね。

田辺さん **この人誰？　私とあんりをこんな風に絶賛するプロデューサーなんてこの世にいないよ。**

あんりちゃん 悲しいこと言うなよ！ でも確かにいません。

私 そんな悲しいこと言わないでよ！

田辺さん この記事の本文に嘘はないけど、バラエティ番組キー局プロデューサーの存在だけ捏造だと思う。

あんりちゃん もし、実在するならマジで誰か教えてほしい！

　……そんなこんなで盛り上がった数時間後。

田辺さん いや～、でもバラエティ番組キー局プロデューサーの存在を捏造してまで足す意味ある？

田辺さん いや、あのコメントなかったらマジで田辺とあんりが買い物してるだけの記事になっちゃうからじゃないですか？

　移動した先でも私たちはまだ『FRIDAY』の記事のことで盛り上がっていました。ちょうどそこにぼる塾のマネージャーAさんがやってきたので、

田辺さん 田辺とあんりがフライデーされたの知ってます？

Aさん なんですかそれ!? 知りません！

　マネージャーさんは大慌てでその場で「FRIDAY ぼる塾」か何かで調べてくれ、すぐに問題の記事を読み、

Aさん なんですか！ この記事！

　と、大爆笑していました。

田辺さん フライデーされるときって事前にマネージャーさんとかに連絡が

入ったりとかないのね。あるのかと思ってた。

Aさん　いや、記事の内容によっては事前連絡あると思うんですけど、この記事で事前連絡もらってもこっちが困りますよ。

あんりちゃん　田辺とあんりが買い物してるだけですもんね。

Aさん　何でこれを記事にしようと思ったんだろう……（笑）。

田辺さん　田辺とあんりのデート記事。

Aさん　（大爆笑）。

私　でも不思議なもので、『FRIDAY』のイメージがあるせいか、段々2人の熱愛スクープ写真に見えてこなくもないんだよね。

あんりちゃん　気持ちわりいな！　でもなんかわかる！『FRIDAY』の魔力！

田辺さん　これからあんりの家に遊びに行くときも気をつけたほうがいいかしら？　梨持って行こうと思っていたんだけど、フライデーされるかしら。『田辺、あんりの家にお忍びデート！　夕方。某所で大柄な女性が歩いている姿があった。収録を終えた田辺が梨を持ってあんりの家に堂々と入っていく姿が目撃された』とかさ。

あんりちゃん　『数時間後、田辺はあんりから借りたスラムダンクの5巻を持って、満足げな表情であんりの家を後にした』とかね。

田辺さん　やだ！　梨とスラムダンク5巻を交換ってなんかさるかに合戦の始まりみたいじゃない？　柿とおにぎりっぽくない？

あんりちゃん　確かに田辺あんり合戦（笑）。

　私は大笑いする2人に対し、（さるかに合戦みたいにその後合戦始めないでね）と心の中で思いました。

Aさん　いや、しかし、なんで本当にこれを記事にしようと思ったんですかね？

ぼる塾のマネージャーさんはとても正直者でした。

田辺さん はっ！　わかったよ！

あんりちゃん どうしたんですか？

田辺さん この記事何かのスクープの火消しに使われたんじゃない!?

あんりちゃん この記事で火ぃ消せます？　弱火でも無理ですよ！

田辺さん じゃあ、とろ火。

あんりちゃん あんりと田辺の買い物で火消しできるスクープってどんなのだよ！

初めてのぼる塾の『FRIDAY』は平和に終わりました。

絶対にカレーを食べる女たち

田辺さん 私はこの後、絶対カレーを食べる！　決めたよ！　あんたたちも来る？

はるちゃん 行きまーす！

私 行く！

　ライブ終わりの帰り道。普段ならそこでそれぞれの家へと解散する場所で、私たちは一緒にカレーを食べると決めました。

あんりちゃん すみません!　体調を崩してライブに出演できなくなりました。

　私たちはその日、ぼる塾企画ライブ『カレー』がありました。みんなで楽しみにしていたのですが、直前であんりちゃんが体調不良で出演することができなくなり、はるちゃん、田辺さん、私の3人でゲストのドンデコルテを迎えてライブをすることになりました。

田辺さん あんりがいない、どうしよう！

はるちゃん どうしましょうか！

私 どうしたらいいの！

　以前もあんりちゃんが体調不良になり、田辺さんとはるちゃんの2人で舞台を乗り切ったことがありました。今回は私も出演するので3人で挑め

ます。しかし、人数が増えたはずなのに２人のときより３人のときの方が
なぜか不安が増すという、逆「３本の矢」のような現象が起こったのです。

田辺さん　今日は頑張ったから、カレーの他にサラダも２種類、頼んじゃ
　　　　　うよ！

　ライブ後、私たち3人はカレー屋さんに向かって歩いていました。

はるちゃん　田辺さんと酒寄さんおすすめのカレー楽しみです！
私　超美味しいよー！　決めた！　私はものすごく辛くする！
田辺さん　あんたそれはいつものことでしょ。あー！　もうおなか激減り！
はるちゃん　田辺さんすごくお腹空いてるんですね。
田辺さん　まぁね〜。今日はずっと何にも食べてないから。

　私は田辺さんがライブ直前にカステラを食べていたのを見ていました
が、余計なことは言わないでおこうと思いました。

はるちゃん　何とか乗り切りましたね。
私　お疲れ様。
田辺さん　大変な一日だったね。
はるちゃん　最初から大変でしたね。
私　そうだね。勝負はライブ前から始まってたね。

〜ライブ前〜

私　あんりちゃん不在をどうするか作戦会議をしよう。

　私たち３人は早めに集まり、カラオケ店で今日のライブをどうするか作戦会議をすることにしました。

はるちゃん　元気を出すためにまず何か食べましょうか！
田辺さん　そうね！　そうしましょう！

　私たちは腹が減っては戦ができぬと、とりあえずカラオケのフードメニューを開きました。

私　何にしようか？
はるちゃん　……。
田辺さん　……。
私　……。
はるちゃん　…どうします？
田辺さん　……。
私　……。
田辺さん　…駄目だ！　決められない！　あんりがいないと私たちカラオケのメニューの注文すらできないよ！

　なんと私たちはあんりちゃんがいないとカラオケで何を食べるか決めることすらできなかったのです。

私　いつもあんりちゃんの「あ、これうまそう」の一言によって、みんな「私も」「私も」「じゃあ私も」ってあんりちゃんの真似して決まるもんね。
はるちゃん　頑張って決めましょう！　ここが勝負どころですよ！
田辺さん　そうね！

この注文で今日のライブが決まるような気がして、私たちはなんとかメニューを決めました。

田辺さん	軟骨揚げのシソ風味とたこ唐揚げね！　電話するわ！
はるちゃん	お願いします！
田辺さん	あ、もしもし、注文いいですか…軟骨揚げの…え？　あ、はい…はい…はい…。がちゃっ（電話を切った音）。
私	どうしたの？
田辺さん	今日、揚げ物できないって。
私	もう今日は終わりだっ!!

～ライブ後～

田辺さん	やっと決めたと思ったらまさかの揚げ物できないって……。
はるちゃん	びっくりしましたね。私たちって一体って感じでしたね。
私	でも優しい店員さんが「どうしても揚げ物が食べたかったら店外で買った物を持ち込んで大丈夫です！　うち持ち込みオッケーなので！」って提案してくれて、そしたらまさかの田辺さんが「私、今、揚げ物持ってる!!」って、ちょうど揚げ物持ってたんだよね。
はるちゃん	なかなかない展開が続きましたよね。
田辺さん	たまたま揚げ物持っててよかったよ。あのとき、今日のライブも何とかなりそうって思ったよ。
私	でも、ゲストのドンデコルテの渡辺さんと小橋くんにかなり助けられたけど、なんとかなってよかったね。
はるちゃん	はい！　今日楽しかったです！
私	はるちゃんのコーナー面白かったね。

　ライブの内容はあんりちゃん不在のため急遽変更し、はるちゃんが王様のメルヘン王国のもとではるちゃん以外のメンバーが美味しいカレー屋さんのトークをして、はるちゃんの決めたメルヘンにそぐわない行動をした人は追放されるというコーナーをしました。

はるちゃん　メルヘンっぽくない人がいたら細かく切り刻んでカレーの具にします！

　と、はるちゃんはスタートからとんでもなく恐ろしい発言で我々をびびらせ、

はるちゃん　渡辺さん！　今難しい言葉を使いましたね！　追放です！

　ドンデコルテの渡辺さんが発した『日乃屋カレー』という言葉が難しすぎるという理由で、はるちゃんは渡辺さんをメルヘン王国から追放したりしました。

田辺さん　はるちゃん、あんたのコーナーよかったよ。よくわからなかったけど。

はるちゃん　ありがとうございます！　でももっとこうすればよかったなって反省してます！

私　私、もっとはるちゃんらしさを活かせるように頑張るね!

はるちゃん　嬉しいです！　あ、酒寄さんのプロフィールも今日決まってよかったですね！

田辺さん　本当に良いのが出来たよね。公式プロフィールに載せて欲しい。

ぼる塾の公式プロフィールは酒寄さんだけ全くの空欄なので、この機会にみんなに一緒に考えてもらおうというコーナーもしました。たくさんの項目を一緒に決めてもらったのですが、その中で会ってみたい芸能人という欄がありました。

田辺さん　酒寄さんはさだまさしだよ。さだまさしにしましょう。

　田辺さんが即、決定してしまいました（私は実際さだまさしが好きですが、恐らく田辺さん自身がさだまさしにとても会いたいからだと思います）。こうして私のプロフィールに新たな内容が書き加えられました。
会ってみたい芸能人【さだまさし】

田辺さん　ちなみにさだまさしはハングルだと 사다 마사시って書くよ。

　この項目を考える直前に私のプロフィールを作る参考資料として他のぼる塾３人のプロフィールを見ていたのですが、その中で田辺さんが韓国語ができるという話題で盛り上がっていました。田辺さんはさだまさしの隣にハングルの 사다 마사시を書き足し、それならばローマ字も書いておいた方が世界の人にさだまさしを好きな気持ちを伝えられるのではないかとさらに書き足しました。
会ってみたい芸能人【さだまさし 사다 마사시 MASASHISADA】
　それを見たゲストのドンデコルテの小橋くんが、

小橋くん　ローマ字を書き足したことで真ん中のハングルも多分さだまさしって書いてあるんだろうなってわかって親切ですね。

　と、的確なコメントをくれました。こうして親切かつ、グローバルにさ

だまさしが好きなことをアピールするプロフィールが生まれました。

　他にも苦手な事（NG）の欄を埋めるとき、

はるちゃん　ぼる塾は水着NGや体を張ることNGなど言っているので、酒寄
　　　　　　さんもここはちゃんと決めましょう！

私　苦手な事？　NGな事？　うーん…なんだろ。

渡辺さん　これはしたくないこととか。

私　うーん…そうですね。

田辺さん　酒寄さんってすごく負けず嫌いよね。

私　確かに負けるのは嫌いかも。

みんな　じゃあ敗北NGにしよう。

苦手な事（NGな事）【敗北ＮＧ】

　私のプロフィールにバスケットボールの強豪校の壁に貼ってありそうな
言葉が付け加えられました。

田辺さん　酒寄さんのプロフィールさだまさしに届いて欲しいね。

私　まず会社があのプロフィールを採用してくれるかが問題だね。

はるちゃん　すごく良いプロフィールでしたよ！

私　ありがとう。そういえば、田辺さん来年結婚するかもしれないん
　　　だね。

田辺さん　そうだよ！　大変だよ！

　田辺さんはライブのトーク中に突然、

田辺さん　そうだ！　私、昔、先輩芸人のキンボシの有宗さんと、「お互い
　　　　　40歳になって恋人がいなかったら結婚しよう」って約束したん

だった！　今39歳ってことはあと１年じゃん！　どうしよう！

と、言い出してお客さんの前で大騒ぎしたのです。

はるちゃん どうするんですかー？
田辺さん 有宗さんには申し訳ないけどお断りするわ。

　田辺さんはカレー屋さんに小走りで向かいながら言いました。田辺さんは本当にお腹が空いていたのか、歩きながら少しずつ小走りになっていったのです。

はるちゃん え〜ロマンチックで素敵なのに〜。
田辺さん 本当に有宗さんには申し訳ないけど、私はまだ自由でいたいの。
はるちゃん もったいないですよ〜。
田辺さん 確かに有宗さんは食の趣味もあうし、優しいし、面白いし、かなり良い人ではあるのよね。
私 じゃあ40歳でお互いもしフリーだったときは、「この話は無かったことに！」って取りやめにするんじゃなくて、「やっぱり45歳で恋人がいなかったらにしましょう」とか年齢を引き上げていったら？
田辺さん それはいいわね！　採用！　そういうシステムにしたら、やっぱりあなたが運命の人だったんだねっていつか結婚することもあるかもしれないね。
はるちゃん そうですよ！　素敵です！
田辺さん ありえるわよね。80歳あたりで。

　私はちょっと気づくのが遅すぎるのではないかと思いました。そんな感

じで今日の思い出を話していたら目的のカレー屋さんにつきました。

田辺さん　着いたよ！　カレー屋！
はるちゃん　楽しみです！
私　次はあんりちゃんとも一緒に来たいね！
はるちゃん　あんりカレー大好きですもんね！

　いろいろあったけど、私たちが今日一番感じたことはあんりちゃんがいない寂しさでした。
　ライブ中にドンデコルテの渡辺さんが「あったら少しは心強いんじゃないかと思って」と笑顔のあんりちゃんの写真を持ってきて飾ってくれたのですが、本当にその写真が登場してから私たちは元気になりました。あんりちゃんの写真があるだけで私たち3人は心強くなったのです。

田辺さん　今度、絶対にあんりも連れてみんなでカレー食べましょう！
　　　　　そうしたらまたこの店に来られるし！

　その後、カレー屋さんで田辺さんは「食べ過ぎて苦しい…」と動けなくなり、今日一番はるちゃんと私を心配させました。

こんなオチはあ（ん）り？

神さま、なぜこんなことをするのですか？

みなさんも思ったことはありませんか？　私は真剣に思ったことがあります。

神さま、なぜ、田辺さんが幸せになるとあんりちゃんに不幸が訪れるのですか？

ある日、楽屋で田辺さんが嬉しそうに言いました。

> **田辺さん**　あんりの親孝行について行ってうなぎのコース料理を食べたの。
>
> **私**　また親孝行について行ったの？　婚約者以外の他人が人の親孝行について行くってあんまりないよ。

田辺さんは前にもあんりちゃんの親孝行について行ったことがあります。

> **あんりちゃん**　お母さんが田辺さんを好き過ぎて、田辺さんがいると喜ぶんです。
>
> **田辺さん**　あら！　嬉しいね！
>
> **はるちゃん**　いいなー！　私も行きたい！
>
> **あんりちゃん**　ごめん！　はるちゃんはうちの家族がNG出しているから。
>
> **はるちゃん**　ぴえーん。

私は、はるちゃんは一体何をやったのだと思いました。

田辺さん　美味しかったよ〜！　しかもあんりの全奢り。

田辺さんはとんでもないことを言いました。

あんりちゃん　田辺さんはゲストなので当然です。

私　うなぎのコースなんて高いでしょ！

田辺さん　私も自分の分は払うって言ったのよ！　信じて！　信じてよ！

私　それは信じるよ。

田辺さん　よかった！　なんか私悪者になりそうだったから。

あんりちゃん　でも……。

私　でも？

あんりちゃん　私…田辺さんにうなぎのコースを奢ったせいで、酷い目にあったんです…。

田辺さん　…あんりには悪いと思ったよ。でも私にはどうすることもできないから……。

私　田辺さん何したの？

田辺さん　私は何もしてないよ！　でもね！　田辺が幸せになると、あんりに不幸が起こるの。

"田辺が幸せになると、あんりに不幸が起こる"

私　なんで？

田辺さん　私も知らない！

あんりちゃん　正確には、あんりが田辺を幸せにすると、あんりに不幸が起こります。

はるちゃん　あんり最悪じゃん！

あんりちゃん　最悪だよ！　でも本当なの！　私が田辺さんに親切にすると、

なぜか私に不幸が起こるの！

私　田辺さんと友だちやめたら？

あんりちゃん　それも考えています。

田辺さん　ちょっと！

　あんりちゃんは以前からこの法則を感じていたけど、今回で確信したそうです。

あんりちゃん　田辺さんにうなぎのコースを奢った後、財布をなくしました。

私　最悪!

あんりちゃん　カードも使えず、私は今田辺さんから金を借りています。

田辺さん　うなぎのコース奢ってくれた人に金を貸すことになるとはね。

あんりちゃん　もう田辺さんに親切にするのはやめます。

田辺さん　そんな〜！

　あんりちゃんはみんなの前で「田辺への親切をやめる」と宣言しました。しかし、彼女は根が優しいので、同じ過ちを繰り返してしまったのです。

　数日後。再び楽屋で田辺さんが言いました。

田辺さん　この前あんりがシチューを作ってくれたの。美味しかった〜！

　田辺さんとあんりちゃんは仲の良い後輩芸人とクリスマスパーティーをし、あんりちゃんがお手製シチューを作ってくれたそうです。

あんりちゃん　気に入ってもらえてよかったです。

私　シチューいいな〜！

田辺さん　しかもあんりの家にあったみかんとバナナも食べたいなーと思っ
　　　　　て見ていたら「食べていいですよ」って言ってくれたの！　最
　　　　　高！　ただね……。

私　ただ？

田辺さん　**私、あんりに幸せにしてもらったから、この後あんりに不幸が訪
　　　　　れるよ。**

　田辺さんは恩人に対して嫌なことを言いました。

私　そんな話あったね。でも、何も起こってないでしょ？

あんりちゃん　はい。でも、絶対にこの後何かが起こります。

田辺さん　申し訳ないよ。

あんりちゃん　**いえ、うっかり田辺さんを幸せにした私がいけないんです。**

私　そんなうっかりある？

あんりちゃん　神さま…私は可愛い後輩のためにシチューを作りました。田辺さ
　　　　　んを幸せにするつもりは毛頭なく、勝手に田辺さんが幸せになっ
　　　　　ただけです。見逃して…。

田辺さん　いや、今回も神さまは見逃さないよ。私幸せになっちゃったから。

私　２人とも心配し過ぎ。

　私はこのとき笑って聞いていました。**まさか、本当にこの後事件が起こ
るとは思ってもいませんでした。**

　数日後。田辺さんから連絡が来ました。

田辺さん　**あんりに不幸が訪れた。会ったときに詳しく話す。**

私　え、本当に？　大丈夫なの？

田辺さん **あんりは無事よ。あんりはね……。**

田辺さんは意味深に言い、それ以上は何も教えてくれませんでした。

私 （あんりちゃんは無事だけど、何かは無事じゃないの？）

それから数日後。事件の顛末を本人の口から聞きました。

あんりちゃん やっぱり私は不幸になる運命でした。
私 一体何があったの？
あんりちゃん 私が着ていたグレーのパーカーワンピって覚えていますか？
私 あれか！　覚えているよ。
あんりちゃん テレビ局で着替えようとして、あのパーカーワンピを脱ごうとしたらチャックが中に着ていたインナーを噛んで取れなくなったんです。
私 そういうことあるね。
あんりちゃん どうしても取れなくて、スタイリストさんが「もうインナーを切るしかないです」って言って、私も「切っちゃってください！」って切ってもらったんです。お気に入りだったのに…。

確かにそれは不幸だと思いました。

私 それは不幸だね。
あんりちゃん いえ、まだです！　ここまでも不幸ですが不幸じゃないんです！
田辺さん そうよ。不幸だけど不幸じゃないわ。

いつの間にか私の隣に田辺さんがいました。

あんりちゃん　切ってもらってやっと脱いだらなんと。

私　なんと？

あんりちゃん　**インナーのへその部分にちょうど穴が空いていて、私ちょっとキューティーハニーみたいになっていたんです！**

　あんりちゃんはインナーを切った結果、キューティーハニーになってしまったそうです。

田辺さん　あんりのために写真は撮らなかったけど、マジでキューティーハニーだったよ。胸元は空いてないけどね。本当にへその部分だけ穴が…笑。

あんりちゃん　本物のキューティーハニーは良いですよ！　でも私のハニーは…。

田辺さん　**噛んだインナーを切って変身するキューティーハニー！　大笑いだよ！**

　神さま、なぜこんなことをするのですか？

  あの子は忘れていい話

2022年の年末の話です。

田辺さん　みたらしに会わないと今年が終われなくて。

　田辺さんがスケジュールに余裕のあった日に、私の息子に会いに来てくれることになりました。

田辺さん　みたらしに田辺さんが会いに行くよって言っておいてね。

　私は言われた通り、早速息子に田辺さんがやってくることを伝えました。

　私　今度、田辺さんが来るよ。
　息子　ラッピーさんが来る!?

　ちょうど声をかけたときにテレビで『ラヴィット！』を見ていた息子はごっちゃになったのか、『ラヴィット！』のキャラクターのラッピーが我が家にやってくると勘違いしてしまったようでした。

　息子　ラッピーが来る！
　私　ラッピーは来ないよ！　田辺さんが来るよ！
　息子　田辺さん！

124

息子は理解したのかわからないまま、トミカで遊び始めました。

> **息子**　ラッピーが来たらトミカで遊ぶの！
> **私**　ラッピーは来ないよ。田辺さんが来たらどうする？
> **息子**　うーん…すべり台に連れて行く！

私はちゃんと遊びに来る人でもてなし方を変えるんだって思いました。

「ラッピーは来ない。来るのは田辺さん」と伝えてその日は終わりました。

当日。息子と遊んでいると田辺さんからメッセージが来ました。

> **田辺さん**　**田辺さんが来るよ。**

私はこの文字だけ見るとちょっと怖いなと思いました。

> **田辺さん**　車で後7分くらい！　みたらしに伝えて！

私は息子に伝えました。

> **息子**　田辺さんが走ってくる！
> **私**　車で来るらしいよ。
> **息子**　駄目っ！　走って来て!!

今度は私が田辺さんに息子の要求を伝えたところ、

> **田辺さん**　**私は走らないよ！　メロスじゃないんだから!!**

田辺さんは自分がメロスではないことを教えてくれました。

ぴんぽーん。しばらくして、我が家のチャイムが鳴りました。

息子 ラッピーが来た!!

この数分の間に息子の中で何かがあったのか、再び彼の中ではラッピーが遊びに来ることになっていました。

息子 ラッピー!!

息子はダッシュで玄関に走っていきました。私も追いかけていき、玄関の扉を開けました。

田辺さん は〜い。田辺よ〜。

私はあの瞬間の息子の表情が忘れられません。

田辺さん あら、みたらしちゃんどうしたの？
私 いや、直前でやっぱりラッピーが来ると思ったらしくて、ラッピーって言いながら走ってここまで来てたの。
田辺さん あら！　ラッピーじゃないよ！　たーなーべ！　たーなーべ!!
息子 ……たなべさん！

息子も3歳になり大人になったのか数秒間フリーズしたものの、気持ちを切り替えて田辺さんとの時間を楽しむことにしたようでした。

田辺さん みたらしちゃん、これお土産！

　田辺さんは息子が大好きなトミカのカードと図鑑をプレゼントしてくれ、2人はそれで遊んだりとすぐに仲良くなっていました。

　私　　（すごい！　今までは会うたびに泣かせていたのに！　良くても
　　　　打ち解けた頃に田辺さんは帰る時間だったのに！）

　私は2人の友情の変化に少し感動しました。息子は田辺さんに自分のトミカコレクションを見せてあげようといろいろ運んできました。その中に以前田辺さんがくれたトミカがありました。田辺さんは嬉しそうに言いました。

田辺さん　これは誰がくれたの？
　息子　　はるちゃん！
田辺さん　ばっ（馬鹿をなんとか飲みこむ田辺さん）、それをくれたのは田
　　　　辺さんよっ!!　たーなーべー!!　田辺さんっ!!　はるちゃんは何も
　　　　くれないよっ!!　はるちゃんは何もくれないっ!!（嘘です）

　田辺さんはカッとなったせいではるちゃんのイメージを悪くしていました。

　息子　　はるちゃんじゃない？
田辺さん　そう！　はるちゃんは何もくれないっ!!
　息子　　くれないっ！
田辺さん　そう！　それをくれたのは田辺さんっ！
　息子　　田辺さんっ！
田辺さん　正解っ！

田辺さんはその勢いのまま息子が大ファンのよゐこの濱口さんと自分が一緒に写っている写真を息子に見せて「私ね、お友だちなのよ」と言い始めました。息子が興奮して田辺さんのスマホを触ったため、その写真にあんりちゃんとはるちゃんも一緒に写っていることが判明しました。

> **息子**　あんりちゃん！　はるちゃん！
>
> **田辺さん**　しまった！　でもね、お友だちなのは田辺さんだけよ！　田辺さんだけ！（嘘）
>
> **息子**　あんりちゃん来ないの？

　ぼる塾ではあんり推しの息子はあんりの登場を期待したようでした。

> **田辺さん**　あんりは来ないよ!!　来るのは田辺さん!!
>
> **息子**　あんりは来ないっ!!
>
> **田辺さん**　そうっ!!　あんりは来ない！　あんりは何もくれないっ!!（嘘）全て田辺さんっ!!
>
> **息子**　あはは〜。
>
> **田辺さん**　田辺さんだからね！　わかった？　わかったみたいね…そう。よかったよ。誤解が解けて。（？）

　田辺さんはほっとしたのかうちにある座布団を2枚繋げてそこに寝転がりました。息子はあんりを諦めて寝転がっている田辺さんに言いました。

> **息子**　見て見て！　ごろりんちょする！
>
> **田辺さん**　ごろりんちょって何？
>
> **私**　息子がよくやる前転ではないんだけど前転の直前までのポーズのこと。

田辺さん　あら、私のほうがよっぽどごろりんちょだよ！　みたらしちゃ
　　　　　ん！　これが本当のごろりんちょよ！

田辺さんは座布団に寝転がっている自分を指さして言いました。

息子　駄目！　これがごろりんちょ！
田辺さん　どう見ても私がごろりんちょよ！
息子　見て！　ごろりんちょ！
田辺さん　いや、これがごろりんちょ！　田辺さんがごろりんちょ！

　2人はごろりんちょのことで揉めていましたが、最終的にどっちもご
ろりんちょ、どんなごろりんちょがあっても良いというところで和解して
いました。田辺さんは寝転がったまま言いました。

田辺さん　みたらしちゃん、髪の毛素敵ね。家でやってるの？
私　うん。セルフだよ。
田辺さん　みたらしちゃん髪の毛格好良いね。誰にチョキチョキしてもらっ
　　　　　たの？
息子　**田辺さん!!**
田辺さん　え!?　いや、髪の毛は私じゃないでしょ？　ママかパパでしょ？
息子　ママかパパ！
田辺さん　そう、ランダムなのね～。

　その後2人はヒプノシスマイクの曲を一緒に聴いたり、息子お気に入
りのぬいぐるみ「こねこちゃん」に初めて田辺さんが声をあてて、こねこ
役で声優デビューしたりと楽しい時間を過ごしました（田辺さんがこねこ
になって言った言葉は『こねこ見てるよ。暴力はいけないよ』でした）。

田辺さん	ああ今日は本当に楽しかったよ。
私	ね！　すっごく楽しかった！　でもみたらしは今日のこと忘れちゃうんだろうね。なんか寂しいね。
田辺さん	みたらしは忘れていいのよ。私たちが忘れなかったら。
私	（ああ、そうか、そうだ、）そうだね、そうだよね。
田辺さん	私はこれからもみたらしと遊び続けるよ。
息子	見て！　ダイナ清掃車！
田辺さん	わ〜、格好良い車だね！　みたらしは難しい言葉も知っててすごいね〜。
息子	ロンドンバス！
田辺さん	みたらし、すごい！　そんな名前も知ってるの！　…って、今日ずっとクセでみたらしって呼び続けてたけどあんたには素敵な名前があるよね。あなたのお名前は？
息子	**田辺さんっ!!**
田辺さん	**私は今日とんでもない過ちを犯してしまったのかもしれないっ!!**

　田辺さんはとんでもない過ちを犯したまま帰って行きました。

　息子はその後すぐに自分の名前を取り戻し、田辺さんに「ころころラッキーちゃん」というあだ名をつけていました。

私はナウシカ

ぼる塾４人でネタ合わせをしたときのことです。

あんりちゃん　ちょっと休憩しましょうか。
私　じゃあ、トイレ行ってくるね。
田辺さん　ねぇ。

　休憩時間になり、その間にトイレに行っておこうと思った私の前に田辺さんが立ちふさがりました。

私　どうしたの？
田辺さん　ねえ、私でかい？

　田辺さんは都市伝説の口裂け女が子どもの前に現れて「ねえ、私きれい？」と言うように私に質問をしてきました。

私　え？
田辺さん　ねえ、私でかい？
私　…ごめん、限界まで我慢してたから、先にトイレ行っていい？
田辺さん　あら、やだ！　ごめんなさい！

　田辺さんは物分かりの良い口裂け女のようにすぐに道を開けて私をトイ

レに行かせてくれました。

　トイレから戻った私は改めて田辺さんの話を聞くことにしました。

私　ごめんね。どうしたの？

田辺さん　いや、急に思い出しちゃってさ。今日の服のことなんだけどね。

　田辺さんは素敵な緑色のワンピースを着ていました。

はるちゃん　その服がどうかしたんですか？

田辺さん　ほら、あったでしょ。前に私がこの服着ていたときに、**金持ちの家にあるグランドピアノみたいって言われたこと。**

私　え！

田辺さん　ふざけんじゃないよ!って言えればいいんだけど、**言われると確かにちょっと金持ちの家にあるグランドピアノに似てるのよ。**

　田辺さんは「似てるよね？」と、その場でゆっくり一回転しました。

あんりちゃん　恐らく、そのワンピースの高級感がある生地と柄が、金持ちの家にあるグランドピアノにかけてある布に似ているんだと思います。

私　なるほど…言われてみると。

田辺さん　**あとさ、このワンピース着てると私すごくでかく見えない？**

私　あ、それでさっきの質問。

はるちゃん　でもそのワンピース似合ってますよ。

田辺さん　知ってるよ！　いっそ、似合ってなかったら逆に人間でいられたのかもしれないね……。

あんりちゃん　でも金持ちの家にあるってところが高級って感じでちょっと嬉しくないですか？

田辺さん　…ええ、ちょっと嬉しい。

　田辺さんはちょっと嬉しいようでした。

田辺さん　そういえばさ……。

　田辺さんはそう言ってさらに話を続けました。

田辺さん　この前私が酒寄さん家に遊びに行った日もこのワンピースだった
　　　　　んだけどさ。
　私　　　あ、そうだったかも。

　田辺さんは仕事の合間をぬって息子に会いに来てくれたことがありまし
た。田辺さんはどう見間違えたらそう見えるのか、息子がおやつに食べて
いたイチゴのマドレーヌを鮭の切り身と思い込み、

田辺さん　あら！　えー!?　この子ったら鮭を手づかみで食べてるよ！

　と、わけのわからないことを言いだして大騒ぎしたり、我が家の座布団
を並べてそこに寝転がったりして帰って行きました。田辺さんと入れ違い
に帰宅した夫が横に並んだ座布団に気づき、

　夫　　　これ何？
　私　　　あ、さっきまで田辺さんがここに寝転がっていたんです。
　夫　　　あぁ、田辺さんは確かにこの家にいたんだね。

　と、田辺さんは未来に帰ってしまったドラえもんみたいに言われていま

133

した。話を戻します。

田辺さん 酒寄さんが写真撮って送ってくれたでしょ。あれ見直したらさ、みたらしと並んだ私、マジでかすぎてびっくりした。**私もう大きな木だった。**

私 田辺さん人間になってよ！

田辺さん **私だって人間になりたいよ！　だけど、1 人でいると金持ちの家にあるグランドピアノになっちゃうし、みたらしと並ぶと大きな木になっちゃうのよ!!**

　田辺さんはそう言って、自分のスマホを取り出して私の息子とのツーショット写真を私たちに見せてくれました。

田辺さん 私でかすぎない？

はるちゃん そんなことないですよ。いつもの田辺さんですよ。

田辺さん じゃあ私いつもこんなでかいってこと!?

あんりちゃん 落ち着いてください！　並んでる相手が悪いんですよ。3 歳児ですよ。

田辺さん 確かに私はあんりと並びすぎて自分を甘やかしているからね。

あんりちゃん おい、そっくりそのまま返すぞ。

　田辺さんはため息をつきながら言いました。

田辺さん この写真見せるとみんなびっくりするのよ。私のでかさに。

はるちゃん でも、何かこの写真見入っちゃいますね。

あんりちゃん 確かに。なんか見入っちゃいますね。

田辺さん **そうなの！　見ちゃうの！　この写真をずっと見ているとあま**

りの自分のでかさに「本当は自分は大きな木なんじゃないか」って思うの。

私 もう見るのやめな!!

　私たちはどうしたら田辺さんが人の心を取り戻せるのか考えてみることにしました。

私 みたらしと比べたら私だってでかいよ。

田辺さん いや、酒寄さんはでかくないよ！

私 いや、それは私とみたらしのツーショットにみんな見慣れているからだよ。田辺さんとみたらしは久しぶりに写真を撮ったから大きさの違いに驚いたんだよ。

田辺さん 確かにそれもあるかもしれないけど。

　私では田辺さんを人間に戻すことは難しそうでした。そのときです。

あんりちゃん あ！

　あんりちゃんが何かを閃いたようでした。

あんりちゃん そうだ！　田辺さんはナウシカなんですよ！

田辺さん どういうこと？

あんりちゃん 自分を『風の谷のナウシカ』だと思えばいいんです！

　あんりちゃんはそう言って説明をしてくれました。

あんりちゃん ナウシカも肩にテトっていう小さなキツネリスを乗せているじゃ

ないですか。

私　うんうん。

あんりちゃん　テトに比べたらナウシカってめちゃくちゃ大きいけど、誰もナウシカをでかい女って思わないじゃないですか。

はるちゃん　思ったことない。

あんりちゃん　だから田辺さんも「私はナウシカ！」って思えばいいんですよ！　田辺さんが大きいんじゃなくて、周りが小さすぎるんです!!

田辺さん　なるほど！　それは良いアイデアね！

あんりちゃん　今日から田辺さんはナウシカです！　田辺さんがでかいんじゃないっ！　周りのすべてが小さすぎるんです！

田辺さん　そうね、私はナウシカよ！　…でもやっぱり私でかいよね？

あんりちゃん　はい！　でかいです!!

やっぱり大きかったようです。

忘れられない奢られごはん

　ぼる塾は気がつくと食べ物の話をしています。そのときも始まりは美味しい刀削麺の話でした。

田辺さん　あ〜、渋谷の土鍋で出てくる刀削麺、あんりとはるちゃんに食べさせたかったね。

私　待って！　あの店もうないの!?

田辺さん　残念ながらもうないのよ……。

私　ないのか〜！　ショック……。

はるちゃん　えー！　食べてみたかったです!

あんりちゃん　土鍋で刀削麺って絶対美味しいじゃないですか！

田辺さん　あの店にはたくさんお世話になったものね。

私　うん！　あの店、結構他の芸人も来てたよね？

田辺さん　来てたね！　そういえば、私たちが食べてる途中で先輩のIさんコンビが別の席にいることに気づいて焦ったよね。

私　あった！　ああいうとき焦るよね！

　吉本は先輩が後輩にご飯を奢るという習慣があります。そう聞くと先輩が後輩をご飯に誘う場合を想像するかもしれませんが、ご飯を食べようと思って入った店で偶然後輩に遭遇しても先輩はその後輩を奢ってくれます。例えば先輩が知らない後輩であっても後輩から、
「お疲れ様です。NSC〇〇期生の〇〇です」

と、挨拶をされてしまうと先輩はさっきまで存在すら知らなかった後輩に奢るという謎の習慣があるのです（決して絶対ではないのですが、先輩たちは『そういうものだから』と奢ってくれました。お給料の高さに関係なく、アルバイト生活をしている先輩たちもです）。

　これは後輩にとっても難しいところで、後輩だから先輩に対してきちんと挨拶をしたいのですが、挨拶をすると先輩はこちらに奢らなければいけないことが頭をよぎり、挨拶をするかどうかとても迷うのです。

> 私　　Iさんコンビに気づいてから私と田辺さん急に黙ったよね。
>
> 田辺さん　えぇ、息を殺したわ。口すぼめたりして、顔もちょっと変えてね。

　私と田辺さんは顔面の筋肉を駆使し、別人になりすまそうとしたのです。

> あんりちゃん　それでどうなったんですか？
>
> 田辺さん　普通にバレていて奢ってもらった。
>
> 私　　ただ変な顔してご飯食べただけだった。
>
> あんりちゃん　涙ぐましい努力ですね。でも、Iさんコンビと猫塾さん（私と田辺さんの元コンビ名）は顔見知りだからよかったじゃないですか。私、別の先輩で全く知らない後輩の合コン現場に遭遇して、その子たちがまだ奢りルールとか知らないで挨拶しに来ちゃったからって知らない後輩の合コン代全額払った話聞いたことありますよ。
>
> 田辺さん　ひえー!!　とんでもない話だね!!
>
> 私　　先輩が全額奢ってくれた合コンってカップル成立するのかな？
>
> あんりちゃん　難しそうですよね。

　全額奢ってくれた先輩以上の好感度を勝ち取るのは男性側も女性側もと

ても厳しいと思いました。

私　そういえば、私、すごく印象に残ってる奢られ方があってさ。

はるちゃん　どんなのですか？

私　丸亀製麺でさ。

田辺さん　ああ！　あれは忘れられないね！　どんな話だったかしら？

あんりちゃん　どっちなんだよ。

私　丸亀製麺って大体の店舗が入って最初にうどんを買う列があって、奥に食べるスペースがあるでしょ。

はるちゃん　ありますね。

私　あの日、私と田辺さんは2人で丸亀製麺で食べていたの。

あんりちゃん　それで？

私　食べ終わって店から出ようと注文カウンターの横を通ったときにちょうど列に先輩のWさんが並んでいたの！

あんりちゃん　うわっ！　運命のいたずら！

お店の構造上、絶対に先輩の横を通らないと店の外へ出られないのです。

私　先にお会計してるし、もう私たち本当に店を出るだけだったから、ふわっと会釈する感じで速足でWさんの横を通ろうとしたの。Wさんも私たちに気づいてるか微妙だったし。そうしたら……。

はるちゃん　そうしたら？

私　すれ違いざまに突然Wさんが体をねじりながら「これで足りる!?」ってお金渡してくれたの。

あんりちゃん　はるちゃん　格好いい!!

田辺さん　思い出したよ！　私たちがお礼を言ったときにはもう先輩は私たちに背を向けてうどんの列に戻っていたの。

私	あのときのWさんのねじれ方は忘れられないよ。社交ダンスみたいだった。
あんりちゃん	それなら、私も忘れられない奢られ方があります。
はるちゃん	えー！　いいなー！
あんりちゃん	はるちゃんもその場にいたよ!
はるちゃん	え！　私いたの？
私	どんな話？
あんりちゃん	あれは…私たちが劇場デビューしたばかりの頃の話です。

そう言ってあんりちゃんは話始めました。

あんりちゃん	**私たちは同期8人くらいで天下一品に行ったんです。**
私	**は、8人も！**
あんりちゃん	ね、もう怖い話確定ですよね。私たちが食べていると途中で先輩のAさんとBさんが入ってきたんです。

※ここで補足させていただくと、先輩のAさんとBさんの関係はAさんのほうがBさんよりも先輩なので、恐らくAさんはBさんにご馳走するつもりだったと思います。

あんりちゃん	幸い、向こうは私たちの存在に気づいてなかったんです。だから、私たち一斉に静かになって息を殺したんです。
田辺さん	やっぱり息殺すよね。
私	顔は変えた？
あんりちゃん	顔は変えてないです。
私	顔は変えてないのか…。
あんりちゃん	私たち個人個人でお金払うつもりだったから、それぞれ本当に食

べたい物頼みまくってて、だから、先輩には悪いけど挨拶はしないで身を潜めようってみんなで決めたんです。

田辺さん 私もきっとそうしたわ。

あんりちゃん だけど、ひとつミスがあって、私たちの席がトイレの近くにあったんです！ Ａさんがトイレに来て、それで、**私の顔ってもう絶対あんりじゃないですか！**

田辺さん **確かにどう見てもあんりね。**

あんりちゃん それで「あ！」って見つかっちゃったんです！

私 それは防げない事故だね。

あんりちゃん はい、しかもそのときはまだ私たち誰もＡさんと関わりがなくて、なのに、私の顔があんりだから後輩ってわかったって感じで。

田辺さん それはお互い気まずいね。

あんりちゃん そんなときＢさんが助け舟を出してくれたんです！**「お前ら、アイス奢ってもらえ！ アイス！ 食べたいよなっ！」**って。そうしたらＡさんも天下一品全奢りを免れるし、私たち後輩も「奢らなくて良いです!」とか自ら断らなくて済むし。

私 わ〜Ｂさんすごい！ ナイスアイデアだわ。

あんりちゃん それで、天下一品の後にみんなでアイスを買いに行ったんです。私たちはドン・キホーテでいいって言ったのに、Ａさんは「いやサーティワン行こう！ そこは格好つけさせてくれ!」って私たちをサーティワンに連れて行ってくれて。

田辺さん か〜！ 格好いいねっ！

あんりちゃん それで、私たち１人ずつ、話し合わなくてもアイスのスモールのシングルを買ってもらったんです。みんなの心は一つでした。

田辺さん サーティワンはスモールでも満足するからすごいよ。流石だわ。

田辺さんは、突然サーティワンの回し者のようなコメントを挟んできま

した。

あんりちゃん だけど。

私 だけど？

あんりちゃん はるちゃん1人だけ、盛り盛りにトッピングしたスペシャルみたいなやつ頼んで、結果、天下一品より値段高かったんです!!

私 え！

あんりちゃん みんな思いは一緒だと思ったのにっ!!　足並みは揃ってると思っていたのにっ!!

田辺さん ちょっと、あんた何でそんなことしたの？

はるちゃん あれは仕方がなかったんです！

　はるちゃんはまっすぐ前を見て、真面目な顔で言いました。

はるちゃん 私、奢られるときはとにかく高い物を食べるって心に決めているんです!!

　心に決めているなら仕方がないって思いました。

はるちゃん元気で
いてくれてありがとう

　ぼる塾は、休みをもらいたいと思ったときは休んで良いという決まりになっています。なんなら、私はぼる塾が結成したとき育休中でスタートしています。

よく、「もし誰かが長期でお休みをしたら」という話題になります。

あんりちゃん　私は結婚したら絶対休むよ。

はるちゃん　大丈夫！　そのときは田辺さんのスイーツでなんとかするよ！

田辺さん　でもいつか私も留学するつもりよ。

私　そのときはあんりちゃん帰って来てね！

あんりちゃん　確かに、はるちゃんと酒寄さん2人のぼる塾って想像つかない。

はるちゃん　私は長いお休みはとりません！　ずっとぼる塾にいます！　私は絶対にいます！

私　じゃあ私たち2人になったらぼる塾終了かもしれないね。

あんりちゃん　解散の前に終了！

はるちゃん　長い間ぼる塾をありがとうございました！

田辺さん　私が留学中に帰る場所がなくなるとはね……。

　本人たちすらネタにして笑うほど、私とはるちゃんのコンビはぼる塾内ナンバー1の頼りないコンビでした。ぼる塾はあらゆる組み合わせで仕事をしていますが、このコンビだけは何もしていなかったのです。

私　（でも私たちがぼる塾になったように、人生何が起こるかわからない。いつかはるちゃんと私の組み合わせの未来もあるかもしれない。……まぁ、まだ先の話だろう）

　そんな余裕をかましていたある日のこと。

田辺さん　ごめん。発熱した！　今日の企画ライブ出られない！
あんりちゃん　すみません！　私も発熱しました！

　なんと、２人が同時に体調を崩してしまったのです。はるちゃんと私が２人きりになるのはドラえもんがやってくる22世紀くらいの未来で想像していたのですが、たったの数週間後だったのです。

　　Aさん　どうします？　今日のライブ……。

　その日はぼる塾の企画ライブがあり、ゲストの芸人さんも呼んでいました。当日の朝、マネージャーのＡさんから心配が滲み過ぎている連絡がきました。

　　私　（今までもメンバーが体調不良で残ったメンバーでやったことはあった。でも、Ａさんは恐らくはるちゃんと私の組み合わせということで心配してくれている……。自分でも思う！　私たち２人で一体何をするんだろうと！）

休演という言葉が頭をよぎりました。

　　私　（でも、楽しみにしているお客さんは？　せっかく来てくれるゲ

ストは？　…それに、あんりちゃんと田辺さんは体調を崩すことすらできないの？）

そのとき、はるちゃんからのLINEが届きました。

はるちゃん　**私は元気です！**
私　**（そうだよ！　はるちゃんは元気だし、私も元気！）**

こうして、私とはるちゃんの『ミッション：インポッシブル』が始まりました。

私　（とりあえず２人のネタを作らないと）

本来であれば、ぼる塾とゲストの芸人がネタをしてからコーナーに入る予定でした。

私　（はるちゃんと私…ずっとやりたかった漫才がある！）

実は、はるちゃんと２人でやりたい漫才がずっと頭にあったのです。
はるちゃんと２人きりになったらぼる塾は終わると言っていましたが、それは仲の良さとは別の話です。
　私とはるちゃんは仕事終わりに一緒に帰ったり、一緒に遊んだりして少しずつ仲良くなっていました。仲良くなればなるほど、はるちゃんはとても面白くて優しくて魅力的な子で、

私　（もし、はるちゃんと漫才をやったら…）

と、妄想デートならぬ、妄想漫才を考えていたのです。はるちゃんはとても魅力的ですが、デート相手にはしたくありません。

　　私　（ぼんやりと考えていたものを形にするときがきた！）

　私は、はるちゃんは最高という思いを漫才にしました。

　　私　（できた！　はるちゃんに送らなきゃ！　時間がない！）

　私は急いで完成したネタを送りました。はるちゃんからすぐにお礼のメッセージがきて、

はるちゃん　ありがとうございます！　覚えます！　ギャグが覚えられるか心配だけど頑張ります！

　　私　ギャグの部分ははるちゃんがよくやっているギャグなんだけど。

　数時間後。なぜか自分のギャグの暗記を一番心配しているはるちゃんと合流しました。

はるちゃん　今日は２人で頑張りましょう！　酒寄さん元気でいてくれてありがとう！

　　私　はるちゃんも元気でいてくれてありがとう！　ネタは覚えられた？

はるちゃん　はい！　でもギャグの部分だけが心配で……。

　　私　ギャグの部分ははるちゃんがいつもやっているギャグで、それ以外がはるちゃんにとって完全に初見だよ？

はるちゃん　私ギャグは感覚でやっているから記憶に残らない……。

私	天才かよ。

　私たちは本番までネタ合わせを何度も重ねました。

私	緊張するね。
はるちゃん	緊張する！　でもなんとかなるよ！　2人いるもん！
私	そうだよね！　2人お休みでも2人もいるってすごいね！
はるちゃん	ぼる塾ってすごい！

　こうして、『メンバーの半分が休みなのでチケットの払い戻し対応可』という、4人組のぼる塾でしか見たことのない劇場対応もある中で舞台に立ちました。
「どーも！　ぼる塾です!!」
　メンバーの半分が休みと知っても来てくれたお客さん、私たちのハプニングを補うように盛り上げてくれたゲストのみんな、そして元気なはるちゃんのおかげでライブは無事に終了しました。

私	（はるちゃんと私のコンビになったらぼる塾は終わるって言っていたけど、私は多分、面白いはるちゃんの隣でその魅力を引き出せない自分を恐れていたんだろうな……）

　帰り道、はるちゃんが、「今日ホワイトデーだ！」と言いました。

私	いろいろあったけど良いホワイトデーになったね。
はるちゃん	はい！　私の人生で良い方のホワイトデーです。
私	私も。
はるちゃん	でも、あんりと田辺さんに早く元気になってほしいですね。

私 そうだね。やっぱり４人じゃないと寂しいよね。

　私たちはお互いに、「元気でいてくれてありがとう」と、言って別れました。この日、はるちゃんは最高に頼れる相棒でした。
　しかし、舞台上でお客さんに向かって、

はるちゃん 酒寄さんはすごい！　今日の朝２人で出るって決まって、朝10時に漫才書いてくれました！

　と、私を褒めてくれたおかげで、

私 ぷっぷーぷっぷーぷっぷーおならぷう。

　漫才中に即興でやったように見せた私のギャグが９時間前には用意されていたことがばれたのは許せません。

みんな違って みんな良すぎ

　以前、note主催のイベントで私がエッセイをどう書いているのか？というお話をさせてもらったことがありました。そのとき、
「できれば、自分の書くエッセイに登場する人には話を書く許可を取った方が良い。そうすると後で思い出を確認するときなどに質問がしやすくなるから」
「同じ思い出も、人によって全然説明が違うから面白い」
というような話をしました。
　私はぼる塾の話を書いているので、あんりちゃんとはるちゃんと田辺さんに許可を取っています。ですから、私は4人分の脳みそを使って思い出を記憶することができます。また、思い出の説明も3人それぞれの個性が出て、聞くのがとても楽しいです。
　今回は、そんな3人の違いをお話ししたいと思います。
　ある日のことです。その日は田辺さんに用事があり、あんりちゃんとはるちゃんと3人でZoomを使ってネタ合わせをしていました。

はるちゃん　そういえば、酒寄さん！　田辺さんから、私たち3人がお好み焼き屋さんに行こうとした話聞きました？

私　お好み焼き？　いや、その話は聞いてないよ。

　私は田辺さんから**「あんり仕事の反省していたのに腐った枝豆食べたよ」**という報告は聞いていましたが、お好み焼き屋さんの話は聞いていま

せんでした（田辺さんに「どういうこと？」と詳しく説明を求めましたが、改めて聞いてもあんりちゃんが仕事の反省をしたのに腐った枝豆を食べた事しかわかりませんでした）。

はるちゃん じゃあ私話しますね！　その日は仕事終わりにあんりと田辺さんが２人でお好み焼き屋さんに行こうって話をしていたんです。

私 うんうん。

はるちゃん 私も久しぶりにお好み焼き食べたいなーって思ったから、「行っても良い？」って言ったら２人が「良いよ！」って言ってくれて。

私 うんうん。

はるちゃん ３人でお好み焼き屋さんに行ったら、その日はお休みの日で。ガーンってなって！

私 うんうん。

はるちゃん そこでちょっとテンション下がって。お好み焼きの口なのにー！って。

私 うんうん。

はるちゃん あんりはすごくお好み焼き食べたかったから不機嫌になってて！不機嫌なあんりも可愛かったです！

私 うんうん。

はるちゃん それから、別のお好み焼き屋さん探したんですけど、近くにはなくて。じゃあ違うところに行こうってなって！　そうしたら、しゃぶしゃぶがあることがわかって。じゃあ、しゃぶしゃぶ行こうってなって。お好み焼きじゃないけど、しゃぶしゃぶも美味しいからね！　って！

私 うんうん。

はるちゃん それから３人でしゃぶしゃぶに行って。結果、しゃぶしゃぶはお肉もお野菜も食べられるしよかったね！ってなって。

私　うんうん。

はるちゃん　いつもよりお野菜たくさん食べられますよね！

私　うんうん。

はるちゃん　私はビールも飲んで！　３人でお肉も野菜もたくさん食べて！
田辺さんはデザートもいってました！　あ、あんりが最後に作っ
てくれたおじやがすごく美味しかったです！

私　うんうん。

はるちゃん　それで、途中であんりが枝豆頼んで。

私　うんうん。

はるちゃん　**あんりが枝豆食べたら腐ってたんです。**

私　**（私この話知ってた！）**

　なんとはるちゃんの話は田辺さんから聞いた話と同じだったのです。

あんりちゃん　**はるちゃん、オチまで長い。**

　その日ははるちゃんの話（文字ではかなり内容を省略しています）を聞
いて終わりました。
　後日。ぼる塾４人で集まることがありました。

田辺さん　この前はZoom参加できなくてごめんなさいね。

はるちゃん　あの日、酒寄さんに私たちがお好み焼き屋さんに行こうってなっ
た話しました。

あんりちゃん　田辺さんあの話してなかったんですね。

田辺さん　あら？　してたわよね？

私　ごめん、実はその話知ってた。田辺さんから聞いてた。

はるちゃん　え〜！　知ってたんですか？　同じ話しちゃって恥ずかしい！

私	でも、最後まで同じ話だって全く気づかなかったの！　田辺さんからは一言で聞いてたから、お好み焼き屋さんの話と結びつくとは思わなくて。
田辺さん	私、何て言ってたっけ？　あんりが反省直後に腐った枝豆食べたよ！　だっけ？
あんりちゃん	何ですかその一言。
田辺さん	ぎゅっとしてていいでしょ。
あんりちゃん	はるちゃんと田辺さんって説明の仕方が真逆!　はるちゃんは説明し過ぎで、田辺さんはしなさすぎる。
私	とりあえずあんりちゃんが腐った枝豆食べたんだよね？
あんりちゃん	はい。一応、私からも説明させてください！　あのとき、私が仕事のことで反省していて、2人に向かって熱く語っていたんです。それで、「気持ち切り替える！　私前向きになる！」って、すごく前向きになった直後に食べた枝豆が腐っていて、滅茶苦茶口が痺れたんです。あー！　自分のエピソードを説明するの恥ずっ!!
田辺さん	あのときのあんり面白かったね。腐った枝豆食べてる人を面白いって言ったら悪いけど。

　田辺さんは私が「今日楽しかったことある？」と聞いたときに、あんりちゃんが腐った枝豆を食べたことを教えてくれました。

はるちゃん	エピソードトークって難しい！

　私もはるちゃんタイプ（話のオチまでが長い）の人間なのでとても気持ちがわかります。

あんりちゃん	多分、お好み焼き屋さんに行こうって私と田辺さんが2人で話

していたところからスタートしなくてもいいんだよ。しゃぶしゃぶ屋をスタートにして、３人でしゃぶしゃぶ屋さんに行って〜って。

はるちゃん　ほ〜なるほど〜。

田辺さん　そう思うと私のは端的でわかりやすくていいね。

あんりちゃん　いや、田辺さんの説明ってわかりやすいというよりネットニュースの見出しみたいなんですよ。【ぼる塾あんり！　反省直後に腐った枝豆を食べる！】みたいな。

田辺さん　あ〜気になるね！　これはクリックしちゃう！

あんりちゃん　そういえば、酒寄さん！　こんなこともあったんですよ！　最近私、ある占い師の人に見てもらって。

私　うんうん。

あんりちゃん　その人は人の宿命が見えるらしくて、木村拓哉さんと同じ宿命を持っている人が吉本の芸人でいるって教えてくれて。

私　あら、あのキムタクと！

あんりちゃん　その１人が空気階段のもぐらさんだったんです。

私　へ〜そうなんだ！

あんりちゃん　私そのことを田辺さんに話したんです。

私　うんうん。

あんりちゃん　そうしたら、あるお笑いライブで空気階段さんと一緒になって。もぐらさんが舞台袖で他の人のネタを見ていたんです。

私　うんうん。

あんりちゃん　そうしたら田辺さんがもぐらさんに近づいて行って、ネタを見ていたもぐらさんにいきなり、「もぐらさんとキムタクって実は同じらしいですよ」って言って、そのとき私たちの出囃子の『乙女のポリシー』が流れて、「え？」って言ってるもぐらさんを置いて田辺さんはステージに歩いて行っちゃったんです。

私　すごいタイミング！

あんりちゃん　話を整理すると、田辺さん「もぐらさんとキムタクって実は同じらしいですよ」、もぐらさん「え？」、出囃子「どんなピンチのときも〜♪」田辺さん去る。こうなります。

　私は想像して腹を抱えて笑いました。

あんりちゃん　空気階段さんは次の仕事があったのかその後いなくなっちゃってて、そのまま今になります。

私　じゃあもぐらさんは今も何でキムタクと自分が同じなのか知らないんだね。

あんりちゃん　本当に酷い女ですよ。滅茶苦茶気になる感じで終わらせて。

はるちゃん　【空気階段もぐらと木村拓哉は実は同じらしい！】ってネットニュースあったら私クリックしちゃう。

田辺さん　もしかしたら私ネットニュースの見出しを作り出す才能があるのかもしれない。自分の才能が怖いよ。

　田辺さんは新たな自分の才能に震えていました。

あんりちゃん　でも、ネットニュースって見出しだけじゃなくて中身もなくちゃいけないんですよ。田辺さん書けます？

田辺さん　２行でもいい？

はるちゃん　え〜２行じゃダメですよ！

田辺さん　私の２行は大事なことをぎゅっと詰め込むよ。そこから読者に想像させるの。

　私はそれを聞いて、以前、田辺さんの書いた２行の中に誤字があったこ

とや、その2行で「ありがとう！　サンキュー！」と同じことを日本語と英語で書き、（今日の田辺さんは矢沢永吉っぽいな）と感じたことなどを思い出しました。

田辺さん じゃあ、本文は酒寄さんにお願いするよ！　この人は長い文が書けるからね！

私 まぁ、田辺さんよりは長く書けるけど。

田辺さん 私が見出し担当、酒寄さんが本文担当、良い役割分担だよ。

あんりちゃん その場合、給料ってどういう割合になるんですか？

田辺さん 私4で酒寄さん6でどう？

　それを聞いたあんりちゃんが、「田辺さんもらい過ぎじゃないですか？」って言ったら、田辺さんは、「私もそう思う」って言ってました。

神さまの
いきすぎる計らい

ライブの合間、みんなでご飯を食べた直後の話です。

田辺さん 酒寄さんって実は食い意地すごいわよね。

私 さっきは悪かったよ。

はるちゃん 何かあったんですか?

田辺さん いや、さっきね。

　私たちはご飯を買いに、4人でセブン-イレブンへ行きました。セブン-イレブンではちょうどカレーフェスをしていて、カレーが大好きな私は、「決めた。私はフェスに参加するよ」と、参戦を表明しました。
しかし、いざ選ぼうとすると美味しそうなカレーがたくさんあって迷ってしまいました。

私 （辛いカレーが好きだから、一番辛さマークが多い銀座デリーのカレーにしようかな）

しかし、その隣を見ると、

私 （ビリヤニ!?　気になる！　米にも手を加えるのはずるいよ！）

　私が迷っている間に、他のメンバーは素早く買う商品を手にしていま

す。焦った私は近くをうろうろしていた田辺さんに助けを求めました。

私　田辺さん。

田辺さん　あら、決まったの？

私　**教えて！　私が食べたいのは銀座デリー監修のカシミール＆コルマカレー？　それともエリックサウス監修のチキン＆バターチキンカレー？　どっちですか？**

田辺さん　**知らないわよ、あんたじゃないんだから！**

　私は焦って、イソップ童話の『金の斧』に登場する女神のような絡み方をしてしまいました。

　田辺さんは、「私はお腹空いてないから付き添いで行くわ。飲み物だけ一応買っておこうかしら」と、ただの付き添いで来ていたので、変な絡み方をしても迷惑にならないと思ったのです。田辺さんはおにぎりという飲み物を選んでいました。

田辺さん　酒寄さんは辛いカレーが好きだからデリーにしたら？

私　でも、こっちはビリヤニってしゃれてるんだよ。

田辺さん　じゃあそっちにしたら？

私　でも、やっぱり辛いカレーが好きだし…。

田辺さん　いっそ両方食べたら？

私　そんなに食べられないよ！

田辺さん　じゃあ辛いのにしなっ！

私　でも、辛さで選んでそんなに辛くなかったら……。

田辺さん　**あー!!　もう!!　あんたは何も食べなくていいっ!!**

　あんりちゃんが通りすがりに「**酒寄さんをいじめるな！**」と言いました。

田辺さん 私が悪者なの!?

　結局、田辺さんが悪者になり、私はデリーのカレーを選びました。デリーのカレーはしっかりと辛く、フェスは成功を収めました。

田辺さん …ということがあったのよ。

はるちゃん 確かに酒寄さんって食へのこだわり強いですよね。

田辺さん この女はやっかいだよ～。

はるちゃん 前にご飯買おうってなったとき、お店に酒寄さんが食べたい物がなくて、「ごめん！　時間ないのにごめんね！」って壁に向かって謝りながら1人で別の店に走って行ったことありましたね。

あんりちゃん 私はその気持ちわかる。私も食べたい物がなかったときは別の店に走るタイプだから。

田辺さん 確かに！　私とはるちゃんはその店にあるものから選ぶけど、あんりと酒寄さんは食べたい物で選ぶから、なかったら別の店に走ってるね。

あんりちゃん 最初から他の人が選んだ店とか食べ物なら大丈夫なんですよ。

私 わかる。

あんりちゃん でも、自分でごはんを決めるときは「これが食べたい！」って思った物じゃないと駄目なんです！

私 わかる！　超わかる！

　私はこのとき頷きすぎて首を痛めましたが、バカだと思われるので隠しました。私が首を痛めているとも知らず、田辺さんは話を続けました。

田辺さん だからご飯行くとき、あんりが行きたい店が休みだと厄介なのよ。

私 なんか似たような話聞いた気がする。

　以前、田辺さんとあんりちゃんのお目当ての店が臨時休業だったとき、
お互いを励ましあったと聞いたことがありました。

私	刀削麺だっけ？
あんりちゃん	はい！　刀削麺の店の前から代案のつるとんたんの店の前まで ずっと励ましあいました！
私	ちょっと励まし過ぎじゃない？
あんりちゃん	いや、あの励ましがなかったら恐らく田辺さんは途中で倒れていた と思います。
田辺さん	いや、倒れるのはあんりよ。私は付き合ってあげただけ。
私	励ますってどんな感じ？

　私がそう尋ねると、２人は実際にその場で見せてくれました。

あんりちゃん	大丈夫、大丈夫、別案あるから。
田辺さん	落ち込まない、落ち込まない！　こういうこともあるよ！
あんりちゃん	気にしない、気にしない！　むしろ休みでよかった！
田辺さん	わかる！　休みでよかったよ！　そこまで食べたくなかったし！
あんりちゃん	本当そう！　何なら食べたくなかった！　行けって言われたか ら行ったっ!!
私	それもう嘘だよね？
あんりちゃん	嘘じゃないです！　別に食べたくなかったです！
はるちゃん	刀削麺に行けって誰に言われたの？
あんりちゃん	……。
私	まぁまぁ。すごく刀削麺が食べたかったのが伝わってきたよ。

　私はハイレベルな２人の励ましに感動すら覚えました。

あんりちゃん なんか私と田辺さんの組み合わせって、定休日とか臨時休業の確率がすごく高いんです。

田辺さん きっとあんりのせいよ。

あんりちゃん いや！　田辺さんのせいですよ！

田辺さん あ、そういえば、この前もさ。

私 何？

田辺さん 私とあんりとはるちゃん3人のとき、あんりがお好み焼き食べたいって言いだして、帰りにみんなで食べようってなったの。

私 うんうん。

田辺さん 行ったらなんとそのお好み焼き屋が臨時休業だったのよ。

私 あら！　また臨時休業?

田辺さん だから別の店に行こうかって私とはるちゃんで別案を探してたらさ、あんりが、「私帰ろうかな！」って言いだしたの!!

私 あら！

田辺さん あんり、「私もう今日は帰ろうかな。そんなにお腹空いてないし」とか言い出してさ、お好み焼き屋が臨時休業で機嫌悪くなってるのっ！　その態度に私もイラっとしちゃってさ。私もお腹空いてたからちょっと機嫌悪くなってたし、「私は最後の1人になっても何か食べて帰るけどね!!」ってキレちゃって。

　田辺さんは、「私は最後の1人になっても戦う」と同じテンションで外食することを宣言していました。

田辺さん そうしたら、はるちゃんがあんりに「帰るなんて言わないでー！寂しいよー！」って優しく言ってくれてさ。なんとか収まったよ。

あんりちゃん 幼なじみなんで、はるちゃんは私のこういう姿よく見てるんです。

はるちゃん あんりこういうことよくあるから慣れてるんです。

　私ははるちゃんがいてくれて本当によかったと思いました。

あんりちゃん　そうだ！　酒寄さん明日空いてませんか？

私　明日？

あんりちゃん　仕事が早く終わるんで、田辺さんと酒寄さんが前から美味しいっ
　　　　　　て言ってる中華の店に行こうって、さっき田辺さんと話してい
　　　　　　て！　よかったら酒寄さんもどうですか？　はるちゃんもどう？

私　うわ！　残念！　明日は用事がある！

あんりちゃん　あ〜残念です！

田辺さん　残念ね。酒寄さんも行けるときにもう一回食べに行きましょう。

はるちゃん　私行けそう！

あんりちゃん　よかった！　あ、一応定休日調べておこう。私たちだし（笑）。

はるちゃん　じゃあ私調べるね。お店の名前教えて！

　はるちゃんが調べてくれている間に私たちはお店の話をしました。

私　とっても美味しいよ！　羨ましい！　私も行きたかった！

あんりちゃん　酒寄さんと田辺さんがずっと言ってるから行きたかったんです！
　　　　　　さっき「明日チャンスじゃない？」ってなって。

田辺さん　あんり絶対好きよね。

はるちゃん　ねえ、明日って第一月曜日？

あんりちゃん　明日？　多分、第一月曜日。

はるちゃん　定休日。日曜、祝日、第一月曜日。

あんりちゃん　え？

はるちゃん　明日、第一月曜日。休み。

　はるちゃんのスマホを覗き込むと、しっかりと【定休日　日曜、祝日、

第一月曜日】と書かれていました。

田辺さん　こんなピンポイントで第一月曜日ぶつかる!?

あんりちゃん　**…いいんじゃないですか？　別に食べたくなかったし！**

私　待って、仕組んだ？　今までの流れからこれって…。

田辺さん　仕組んでないよ!　あんりが起こした奇跡だよ!　あんりが行きたいって言い出したし。

私　…こんなことある？　…くくくっ笑っちゃ悪いけど……。

あんりちゃん　**休みでよかった！　本当によかった！**

はるちゃん　あははーあーおかしいっ!!

田辺さん　明日が日曜日だったらまだ、「あら〜仕方ないね」って諦められるけど、**でも、第一月曜日がかぶるのってやっぱりあんりのせいだよね。**

私　そんな気がする。

はるちゃん　あははっ。

あんりちゃん　私帰ろうかな!

　そう言ったあんりちゃんは、ちょっと泣いてました。

＊

　この後、あんりちゃんが、「そうだ!　酒寄さんが行けないからみんなで行けるときに行けって神の粋な計らいの定休日だ!」って納得していて、神さまちょっといきすぎって思いました。

 ピンチをチャーハンに

ある日、田辺さんから連絡がありました。

田辺さん 急なんだけど、明日あんりと納豆チャーハンリベンジしようって
なって酒寄さんも来られるかしら？

　以前、あんりちゃんが私と田辺さんの大好きな納豆チャーハンのお店に
行こうとしたときにアクシデントが起こり、結局、食べられなかったこと
がありました。私はそのときあんりちゃんが、
「酒寄さんも行けるときに行けって神さまの粋な計らいだ！」 と言って
くれたことを思い出し、「一緒に行きたい！」とすぐに返事をしました。
　当日。仕事の合間に納豆チャーハンの予定を挟んだあんりちゃんと田辺
さんは私よりも先に到着したらしく、私は速足でお店へと急ぎました。

　私 （お店の前に着いたよ！って連絡が来たってことは、やっとあん
りちゃんがあの美味しい納豆チャーハンを食べられるってこと
だ！　よかった!)

　私はやっと神さまもあんりちゃんが納豆チャーハンを食べることを許し
てくれたと思い、喜びながら2人に合流しました。
　しかし、私はまだこのときは知らなかったのです。神さまがまだ彼女た
ちに試練を与えていたことを。

私　待たせてごめん！　やっとだね！

田辺さん　ま、まぁね。そうね。

　合流した田辺さんとあんりちゃんの顔はこれから納豆チャーハンが食べられるというのに少し曇っており、私は「どうしたの？」と、心配して聞きました。

田辺さん　私たちこの前に仕事があるって言ってたじゃない？

私　うん。

田辺さん　チャーハン食べるロケだったの。

私　え!?　これからチャーハン食べるのに!?

あんりちゃん　しかも中華料理店ハシゴしました。

私　え!?　じゃあ今から3店舗目!?　まだギリ午前中だよ!?

田辺さん　そうなるわね。

　私は2人に、「なぜ、今日チャーハンを食べに行こうとしたの？」と恐らく全人類が思うであろう疑問をぶつけました。

田辺さん　昨日誘ったときは今日がチャーハンのロケってこと忘れてたの！

あんりちゃん　そうなんです。あのときは2人ともチャーハンロケがまさか明日だなんて考えてもいなかったんです。

　私は2人に「食べられる？　別日に変える？」と提案しました。短い時間での中華連食は流石にきついと思ったのです。

あんりちゃん　いえ、私はずっと納豆チャーハンを楽しみにしていました。

私　でも……。

あんりちゃん　私は昨日からずっとチャーハンを食べるコンディションに持って
いってたんです。だから、逆を言えば今日はチャーハンだったら
いくらでも美味しく食べられる日なんです！

　私はあんりちゃんは何の逆を言っているんだろうと思いました。
　そんなあんりちゃんの横で田辺さんが「流石に私チャーハンは無理よ
…」と言いました。私が「そうだよね」と言おうとすると、それを遮って
田辺さんは言いました。

田辺さん　でも**これって、逆に言えばチャンスじゃない？**

　田辺さんもまた何かの逆を言いだそうとしてきました。

田辺さん　私と酒寄さんってこの店の納豆チャーハンが美味しすぎて、納豆
チャーハンばっかり頼んで他のメニューも気になるのになかなか
頼めなかったでしょ。
私　そうだね。

　田辺さんと私は『納豆チャーハンの呪縛』にずっと囚われていたのです。

田辺さん　チャーハン後の今の私はチャーハンの魅力が落ちているの。って
ことは、他のメニューを頼めるチャンスってことなのよ！

　田辺さんは「ピンチはチャンスよ！」と、野球部の監督みたいに言っ
て、他のメニューの何を食べるかを考え始めました。
　私が、「ってことはここでごはん食べられるの？」と聞くと、

あんりちゃん 当たり前でしょう！　今日はチャーハンの日なんですから！
田辺さん そうよ！　こんなチャンス滅多にないよ！

　と２人は言い、私たちは店の行列に並びました。並んでいる間、田辺さんに「あんりに納豆チャーハンを継承（？）し、酒寄さんも新たな一歩を踏み出すチャンスよ！」と、そそのかされた私も納豆チャーハン以外のメニューを食べることを決めました。

　店内に入り、席に置いてあるメニューを見て、田辺さんが「やっぱり納豆チャーハン食べたい…いや、私は心を鬼にするよ！」と小さい声で言っているのが聞こえてきました。私はどこで心を鬼にしているんだろうと思いながらも、全く田辺さんと同じことを思っていました。

　　私　（納豆チャーハン食べたい…でも、今日を逃したら、一生私は『納豆チャーハンの呪縛』から逃れられない！）

　私たちは無言で頷きあい、店員さんを呼び、注文をお願いしました。
　田辺さんはこのお店の納豆チャーハンに並ぶ人気メニューの定食を注文しました。私はずっと気になっていた納豆ごはんを注文しました。私は納豆チャーハンと別に存在する納豆ごはんがずっと気になっていたのです。
　そして、あんりちゃんが「納豆チャーハンで」と言ったとき、

　　私　（この子、今日チャーハン食べてきてるんですよ）

　と、心の中で店員さんに伝えました。あんりちゃんは今この店の中にいる誰よりも納豆チャーハンに会いたかった女なんですよ、と。
　サービスのザーサイを食べながら待っていると（田辺さんはまるで自分が作ったかのように「美味しいでしょ、すごいでしょ！」と言ってまし

た）、ついに納豆チャーハンがあんりちゃんの前に置かれました。

あんりちゃん　**…会いたかったー!!!!**

　私はあんりちゃんと納豆チャーハンが出会った瞬間、嘘ではなく、松任谷由実の『春よ、来い』が頭の中で流れ、ちょっと泣きそうになってしまいました。あんりちゃんは「いただきます」と言い、一口食べました。

田辺さん　……どう？
あんりちゃん　**うまいっ！　うますぎる…っ！**

　あんりちゃんは「想像を超えています。どうやったらこんな美味しい納豆チャーハンが作れるの!?」と言い、3軒目とは思えないスピードで食べ始めました。

あんりちゃん　どうやって作ったら納豆のこの感じが出せるんだろう？　私は自分で作るとき、納豆は最初から入れるんです。私のお母さんは最後に入れるんですけど、どっちの納豆チャーハンとも全然違う！

　あんりちゃんは納豆を入れるタイミングを考えながらも、スプーンを持つ手は全く止まっていませんでした。むしろ加速していました。
定食を頼んだ田辺さんは、

田辺さん　この定食うますぎるんだけど！　豚肉がさっぱりしてるの！　でも物足りなくない。すごいよ！　これに辿り着けてよかったよ！

　と、定食を大絶賛して、笑顔で「ありがとう！」と恐らくシェフにお礼

を言っていました。

　私も自分の頼んだ納豆ごはんの美味しさに、「どひゃー！」と漫画みたいな声を出してしまいました。納豆ごはんというと白米に納豆が乗っている姿を想像するかもしれませんが、違います。納豆がひき肉と炒めてあり、ぱりぱりに揚げた何かの皮やレタスなどもご飯の上に乗っているのです。

　　　私　　納豆ごはんであって納豆ごはんではない。でも納豆ごはんだ！
　　あんりちゃん　なるほど、納豆ごはんってことですね。

　私だったらこの料理に「納豆スペシャル革命」などと名前を付けてしまうところを、このお店はシンプルに「納豆ごはん」と名付けるレベルの高さに私も気がついたらシェフに「ありがとう!」とお礼を言っていました。

　　　私　　これは、次にこの店に来たときに迷う選択肢が増えたよ。
　　田辺さん　そうね。今まで以上に辛い道のりになりそうね。
　　あんりちゃん　私は次に来たときにまた納豆チャーハンを頼みます。

　私たちは食べ終わり、お会計に向かいました。田辺さんはここに来ると必ず最後に自分用と私の息子へのお土産の「マーラーカオ」を買ってくれるのですが、その日も、

　　田辺さん　酒寄さん、マーラーカオいくよ？

　と、格好良く言って２つマーラーカオを買っていました。出るときにお店の人が「美味しかったですか？」と聞いてくれ、あんりちゃんが、
「とても、とっても美味しかったです!」
　と言っているのを見て、私は再び心の中で店員さんに、

　私　（この人は神さまの試練を乗り越えてやっと納豆チャーハンを食べられたんです！）

　と強めに伝えました。帰り道、

　田辺さん　はい！　このマーラーカオ、田辺さんからだってちゃんと言って渡してね！　田辺さんからよ！　あんりじゃないよ！

　と強く言ってきました（私の息子はなぜか、田辺さんからの贈り物に対し、田辺さんからだと言っているのに、時間がたつと『これはあんりちゃん（はるちゃん）からもらった！』と言い出すのです）。

　あんりちゃん　今回のマーラーカオも私の手柄になるかもしれませんね。
　田辺さん　駄目よ！　田辺さんからだよ！　あんりじゃないって言ってね！
　私　わかったよ。ちゃんと伝えるから。

　その後も、田辺さんは何度も「マーラーカオは田辺さんからだよって言ってね！」と言い続けました。一度家に戻ると言うあんりちゃんと別れた後、田辺さんは言いました。

　田辺さん　ねえ、みたらしがさ、**『マーラーカオから田辺さんもらった！』**って言ったらどうする？

　と楽しそうに言ってきたので、私は「すぐに返してきなさいって言うよ」と言いました。

  # 無知の知の末席

『無知の知』というソクラテスの有名な言葉があります。自分に知識がないことを自覚するという概念です。今回は、我々が無知であると理解している前提で話をしたいと思います。

［1話：クイズ番組NG］

　ある日のこと。ライブ前の空き時間にぼる塾4人で雑談をしていました。

はるちゃん　ねぇねぇ！　またクイズ番組出たいね〜！

「嫌だっ!!」
　はるちゃんの一言に、あんりちゃんも田辺さんも首を横にぶんぶん振りました。

田辺さん　あ、ちょっとめまいが…。
私　大丈夫？
田辺さん　そーりー、大丈夫よ。
はるちゃん　えー！　何で２人とも嫌なの？　楽しかったじゃん！
あんりちゃん　はるちゃんは良いと思うよ！　私、はるちゃんはクイズ番組に向いていると思うし。
はるちゃん　え〜そうかな〜！　私が天才だから？

田辺さん 違うわ。でも、はるちゃんはクイズ番組に必要な存在よ。

　以前、ぼる塾が出演したクイズ番組で、「アメリカのワシントンにある大統領官邸といえば何ハウス？」という問題に対し、はるちゃんは元気に**「ヘーベルハウス！」**と答えていました。

あんりちゃん はるちゃんは間違えても奇跡のような回答ができるからいいの。でも私は違うから。

私 あんりちゃんも田辺さんもクイズは苦手？

あんりちゃん 苦手ですね。しかも全く笑いにならない間違え方をするのでクイズ番組向きではありません。

田辺さん 私もよ。はるちゃんみたいに面白い間違え方ができたらいいんだけど、本当に静かに間違えて静かにすべるの。

私 例えば？

田辺さん えー…そうね…あら、何も出てこないよ。思い出せないくらいしょうもない間違いってことよ。

　田辺さんはクイズ番組以外の場所では長崎のガラス工芸品のビードロを焼肉のピートロと勘違いしてはしゃいだり、看板の「車でお金！」という文字を**「くるま、でおきん？　でおきんって何かしら？」**と、なかなか印象に残る間違え方をしますが、クイズ番組ではその力が発揮できないようでした。

私 クイズ番組って難しいんだね。

あんりちゃん **はい。しかも、私答えるとき、無意識にクイズ王みたいに解答する癖があるんです。**

私 あ、それわかる！

あんりちゃん　やっぱりそう見えてますか？　私自分で○A見てびっくりして！　私の答え方って絶対に正解する人の言い方なんです！　それで間違えるんです！

　確かに思い返すと、あんりちゃんはいつもクイズ王のように答え、クイズ王の言い方で最後まで一問も当たらないまま終わるという姿を何度も見てきました。

あんりちゃん　クイズ番組に関しては見ている人の心の声が私に聞こえてくるんです！　お前この感じで当てないのかよ！　早く当てろよ！って。

田辺さん　私もクイズ番組は当てる人を見てすごいって思うか珍解答に笑うかだから、静かに間違えるやつは出ないほうがいいって思うわ。はるちゃんがマックスの笑い取って間違えた後に、あんりと私が静かに間違え続ける地獄はもう嫌よ……。

あんりちゃん　酒寄さんはクイズどうですか？　酒寄さんが得意ならぼる塾にもクイズ番組のチャンスがあるかもしれません！

はるちゃん　私、酒寄さんと一緒にクイズ番組出たい！

私　いや、私も静かに笑えない間違いするタイプだよ……。

　私の間違え方は宮沢賢治の『セロ弾きのゴーシュ』を『セロ弾きゴーシュ』と、「の」を入れずに書いて減点されるようなミスです。
　最近だと、アットコスメを今までずっとアットマークコスメと覚えていて、夫に「マークいらないよ」と指摘され、静かに恥をかき、全く悪くない夫に少し憎しみを覚えるということがありました。

あんりちゃん　ぼる塾がクイズ番組に出られる日は来ないかもしれませんね…。

私　残念ながら…。

はるちゃん	えー！　出たいよー！
田辺さん	……よし、わかった。
あんりちゃん	何ですか？
田辺さん	どうしても出たかったら、クイズが得意なメンバーを入れて、ぼる塾の人数を増やしましょう！

　私たちはすぐに人数を増やして解決しようとします。

［2話：私たち、このレベルです］

　メンバーの中でも、私と田辺さんは抜群に機械が苦手です。田辺さんが以前、Wi-Fiを自分でなんとかしようとしたところパニックに陥り、「人の心よりWi-Fiのほうがわからない…」という名言を生み出したのですが、私も田辺さんと全く同意見でした。

| **田辺さん** | 説明を聞いても全くわからないの。 |
| **私** | わかる！　まず説明の説明が欲しい。 |

　これから書き記すことは全く役に立たない内容となっていますが、**機械がわからない人間はこのくらいのレベルでわかっていないということ**を知ってもらうことで、説明する側の人たちが

| **知識人** | 何故わからない!?　こんなに説明しているのにっ!! |

という状態から、

| **知識人** | なるほど、この感じなら伝わらなくても仕方がない。 |

と、少しでも心が楽になったら嬉しいです。

ある日のことです。田辺さんから、LINEが送られてきました。

田辺さん　うちの親が何故かみたらしにはテニスをやらせたいみたいよ。
　　私　何でだろう？
田辺さん　**謎だよね。みたらしはジャズとジャズダンスって決まっているの
　　　　にね。**

　私はそれに対し、「それは田辺さんの頭の中だけだよ」と書いて返信し
ました。
「……あれ？」
　しかし、送信ボタンを押したのに画面に反映されません。送信ボタンを
押したと同時に私の書いた文面は消えているので、送信されたのは確実だ
と思いました。
「もう一回送ってみよう」
　私は再び、「それは田辺さんの頭の中だけだよ」と書いて送信しました。
「…え〜なんで!?」
　新しく書き直したメッセージも確実に送信ボタンを押したのに画面に反
映されませんでした。
「私、何か送信できないようなこと書いてる？」
　私は、もしかしたら自分が知らない間にLINEが卑猥な言葉など規律に違
反する文章は送れないようにアップデートされていて、『田辺さんの頭の
中』がそこにひっかかるのかもしれないと考えました。
「新しい文面を送ってみよう」

　私は「ジャズとジャズダンスって全然違うものに見えるけど、このジャ
ズってもしや違うジャズ？」と、以前から薄々気になってはいたけど調べ
たことがなかった内容について調べ、ジャズとジャズダンスのジャズの違

いを田辺さんに送信しました。

「駄目だ！ 送れない!! 何で!?」

　私は田辺さんに対して送れないことを忘れて、「田辺さんにLINE送れないんだけど！」と無意識に書いて送信すると、何故かその文面は無事に送信することができました。

「いや！これ送れんのかい!!」

　私がLINEに対して思わず突っ込んでいると、田辺さんから返信がきました。

田辺さん　わかる！　消えるときあるよね！　あれ何で？

私　さまよっているのかな？　電波の中を。

田辺さん　**復活しないよね？　さまよっていつかどこかに辿り着くのかな？　何か怖いね！**

　この文面から、田辺さんは私と同じ匂いがしました。私はあほだと思われることを恐れて今まで誰にも言わなかったことを彼女になら話せると感じました。

私　田辺さん、ちょっと今から馬鹿なこと言って良い？

田辺さん　あら、何？

私　多分、『Wi-Fiが飛んでる』って言葉からきたイメージのせいなんだけど、LINEを送るとき、送信を押した瞬間、制作した文章が透明な文字になって、ぴゅーって機械を飛び出して我々の空中を見えない文字が飛んでいって相手側に届くイメージがあって、だから届かないメッセージは今も私の近くをどこにいっていいかわからずうろうろ飛び回ってる気がするんだけど伝わる？

田辺さん　**伝わるっ!!　わかるよっ!!　私もそうっ!!**

<table>
<tr><td>私</td><td>よかった！　まじこの空を今色んなメッセージが飛び交ってるよね！</td></tr>
<tr><td>田辺さん</td><td>飛び交ってる！　見えないけど見えるよ！</td></tr>
<tr><td>私</td><td>(見えないけど、今、私の近くにはきっと、ジャズとジャズダンスの違いが飛んでいる)。　田辺さん、Wi-Fiが見えたらどんな姿をしてると思う？　私はトンボ。</td></tr>
<tr><td>田辺さん</td><td>私はWi-Fiの範囲内のエリアを虫かごみたいなのが囲ってると思ってる。</td></tr>
</table>

私は空を見上げました。わかりませんが、離れている田辺さんもそのとき、同じ空を見上げていたと思います。

くら寿司につきました

テンション上がります

いただき

ま〜す！！

うまー!!

うまー!!

クレープ行ってくる！

ぼる塾の間違い探し
〜4人で回転寿司〜

正

答え

1 田辺さんのお皿タワーが伸びている。 **2** 納豆巻きがなくなった。 **3** 田辺さんとあんりちゃんの間に湯呑登場。 **4** はるちゃんの前の湯呑の向きが変わった。 **5** 酒寄さんとはるちゃんの軍艦が入れ替わっている。 **6** 酒寄さんのお皿が増えた。 **7** 手前の玉子が1貫に減った。 **8** ガチャガチャの中身が出ている。 **9** 醤油が甘だれに変わった。

間違い9かつ。

1 + 1 = 2

186

2+1＝3

3+1=4

酒寄希望・作

あなたは
どのぼる塾？
診断

アイス

アイスとチョコ
どっちが好き？

チョコ

ホルモン

てっちゃんと聞いて
何を想像する？

鉄道ファン

公園と
言えば！

すべり台

ブランコ

いいえ

運動が好きだ

はい

もう少し自分の
可能性を広げたい

ぼる塾の中で運動好きは
ひとりしかいないので
このまま診断結果に進む

はい

酒寄さんが質問事項から「はい・いいえ」まで
全部作ったぼる塾診断チャート。
はるちゃん、あんりちゃん、田辺さん、酒寄さんの
4タイプのうち、あなたはどのぼる塾？

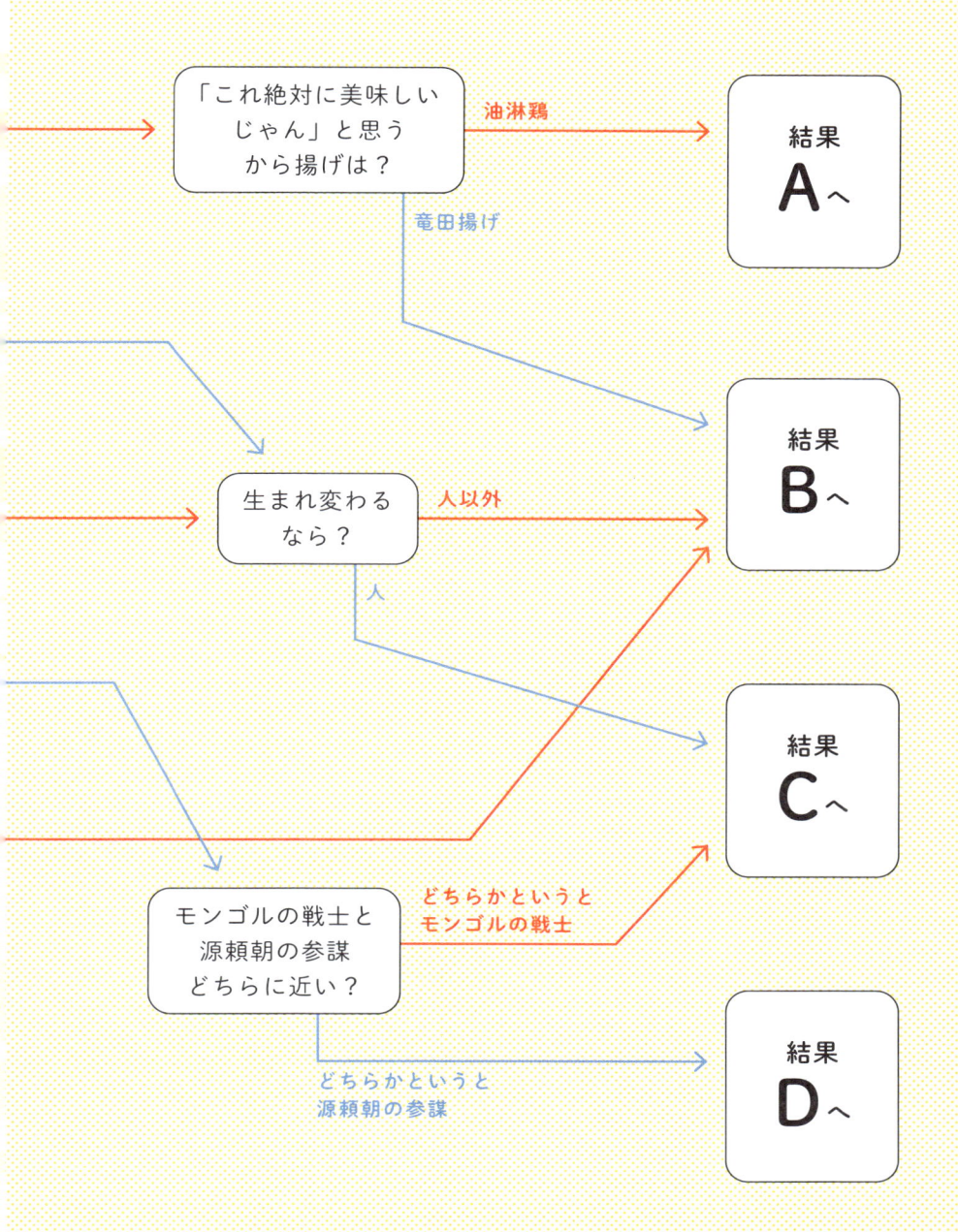

「これ絶対に美味しいじゃん」と思うから揚げは？

油淋鶏 → 結果 A へ

竜田揚げ

生まれ変わるなら？

人以外 → 結果 B へ

人

モンゴルの戦士と源頼朝の参謀どちらに近い？

どちらかというとモンゴルの戦士 → 結果 C へ

どちらかというと源頼朝の参謀 → 結果 D へ

結果 B へ

結果 C へ

結果は次のページ！

ぼる塾タイプ結果 〈兼キャスト紹介〉

A あんりちゃん

長年少女漫画で恋愛を勉強していたが、主人公のほとんどが受け身だということに気づき、最近はホストのTikTokを観て攻めの恋愛を学んでいる。横に座った人に対して体を向けるテクを使いたいらしい。初めての人と行くカラオケで歌う曲はくずの『全てが僕の力になる！』。……そんなあなたはあんりちゃんタイプでしょう！

B はるちゃん

家に沢山ぬいぐるみがあり、「友だちはいつも家の中に！　友だちいっぱい！」をモットーにしているが、ぬいぐるみに対し、「他にもいっぱいいてごめんね」と話しかけるなど、結構気を遣っているらしい。初めての人と行くカラオケで歌う曲はフィンガー５の『学園天国』。……そんなあなたははるちゃんタイプでしょう！

C 田辺さん

常に部屋の掃除のことを考えており、『妖怪人間ベム』の「早く人間になりたい！」のテンションで「早く部屋の掃除がしたい！」と言い、みんなから「勝手にやれよ」と言われる。そしてしない。初めての人と行くカラオケで歌う曲はモーニング娘。の『LOVEマシーン』。……そんなあなたは田辺さんタイプでしょう！

D 酒寄さん

あまりにも電車で乗り過ごすことが多いのでスマホを見るのも音楽を聞くのもやめたが、「ああ、ここが降りる駅だ」と思いながら下車駅で降りなかったりして、これ以上どうすればいいのかわからない。初めての人と行くカラオケで歌う曲は井上陽水の『夢の中へ』。……そんなあなたは酒寄さんタイプでしょう！

みたらしちゃん

私の息子（５歳）。あだ名はみたらし。よゐこの濱口優さんに憧れており、美味しいラーメンを食べた時など、「まさるに見せる！」と無理な事を言いだす。田辺さんがくれたぬいぐるみのこねこちゃんが相棒で大切にしている。家の中でよく歌う歌はCreepy Nuts の『Bling-Bang-Bang-Born』。

  # すぐに罰される女たち

ネタ合わせのため、4人で集まったときのことです。

田辺さん じゃあみんな集まったことですし、ちょっと休憩しましょうか。

私たちは早速休憩することにしました。

あんりちゃん いや～、酒寄さん！　聞いてくださいよ！　私この前とんでもないうっかりやっちゃいました！

あんりちゃんはそう言って、漫才のように話し始めました。

あんりちゃん ある番組にぼる塾で出演して、私が進行役だったんです。
私 うんうん。
あんりちゃん 次回のゲスト紹介のときに事件は起こったんです。
私 なになに？
あんりちゃん スタッフの人がカンペを出してくれて、私、それをそのまま何も考えずに読んじゃったんです。
私 うんうん。
あんりちゃん 本当だったら、「『細かすぎて伝わらないモノマネ』で有名な〇〇さんです！」って紹介だったんですけど、カンペにミスがあって、途中が抜け落ちていたんです。

私 うんうん。

あんりちゃん 私、こう言ってしまったんです！「次回のゲストは、あの『伝わらないモノマネ』で有名な〇〇さんです！」って!

私はすごい悪口だと思いました。

あんりちゃん はるちゃんと田辺さんがすぐに気づいてくれたらよかったんですけど、2人は私の失言の後、「イェエェエェエ〜イっ!!　ふーうっ!!」ってすっごく盛り上げてくれて。2人は私の言葉なんてちゃんと聞いてなかったんですっ!!

田辺さん そうなの。

あんりちゃん だから全員が"滅茶苦茶失礼なやつら"になっちゃって!!

私 やだ、気がつかなかったの？

私は田辺さんとはるちゃんに聞きました。すると2人は、

はるちゃん それが全く気づかなかったです。

田辺さん 私はあんりを信頼してるから。

あんりちゃん 人の話聞いてねーだけだろ！

私は人の話はちゃんと聞こうと思いました。

あんりちゃん でもスタッフの人がおかしいって気がついてくれて。収録だったので撮り直しできたんです。生放送だったらと思うと震えました。

田辺さん 失礼すぎるわよね。先輩芸人に似てないで有名って。

はるちゃん しかもそいつの仲間が「いえええい!!」とか言っちゃってね。

あんりちゃん 私、その日は他にもうっかりやっちゃって。中継で繋がっている

芸人さんに自慢の食べ物を紹介してもらうってときに……。

私 うんうん。

あんりちゃん 「自信ありますか？」って聞くところを、**「時間ありますか？」**って！　時間あるから今出演してるんだよ!!

田辺さん 「ないです」って言われてそのまま帰られたらどうすんのよね!うけるーっ!!

田辺さんはこのミスに関しては他人事なので大笑いしていました。

私 あんりちゃん疲れてるのよ。収録でよかったね。

あんりちゃん はい。…でもやっぱり神さまは見てるんですよ。

私 もしかして…。

あんりちゃん **そうです。神さまが我々を失礼な奴らって思ったのかすぐに罰が当たりました。**

ぼる塾が何かやらかした話を聞くと、大抵神さまからの罰がセットでついてきます。

私 また何かあったの？

あんりちゃん 今回は（吉本興業）本社の自動販売機で飲み物買おうとしたら、お金だけ吸い込まれて出てきませんでした。

私 あらっ！

あんりちゃん しかも、1回で止めておけばよかったんですけど、「別の飲み物ならいけるかも」って思ってしまい、新たにお金入れてさっき出てこなかったお茶じゃなくて紅茶に変えてボタン押してみたんです。

田辺さん あんりはギャンブラーだよっ！　他にも自動販売機あるのにさ！「紅茶ならいけるかもしれない！」って言ってわざわざ金だけ盗

られた自動販売機にもう一回チャレンジしたんだよ！

私 結果は？

あんりちゃん やっぱりお金だけ吸い込まれて出てきませんでした。

あんりちゃんはため息をついて続けました。

あんりちゃん それを見ていた田辺さんが自動販売機の会社に一筆書こうって言いだして。「ぼる塾あんりです。お茶と紅茶の代金を払ったのに商品が出てきませんでした」って！

田辺さん だって！　あんりのお金戻ってきてないんだよ！　お茶で140円で紅茶で140円！　280円はでかいよ!!　いろんなもの買えるよ!!

あんりちゃん そうなんですけど…なんか、お茶が出てこないのにこいつ紅茶も試したのかよ！　なんでチャレンジするんだよ!って思われるんじゃないかって……。

田辺さん あの日もこんな感じであんりがもじもじしちゃってさ！　あんたが書かないと故障の発見が遅れて自動販売機の会社の人も困るし、同じような被害者が出るかもしれないよって言ったら、やっと、「わかった」って言ってくれて。

田辺さんは基本変な人ですが、ちゃんとしています。

田辺さん あんりは私にこう言ったの。「わかった。一筆書きます。その代わり田辺さんと連名にさせてください」って!

あんりちゃん 「ぼる塾あんりと田辺です。お茶と紅茶の代金を払ったのに商品が出てきませんでした」って書いたら、2人で試した感じが出て、私が2回チャレンジしたことがバレないじゃないですか。

田辺さん 私はいいよって名前貸したの。……あれ？　待って！　よく考え

たら我々の一筆を読んだ会社の人が、「**あんりがお茶を押して出てこなかったのに田辺のやつが、『紅茶ならいけるかも！』ってわざわざお金入れたのかよ！　あいつギャンブラーかよ！**」って思うかもしれないってこと？

あんりちゃん　そうですね。

田辺さん　**マジかよ！　まぁいいか。**

　私はこのとき世界一軽いマジを聞きました。

あんりちゃん　これが今回の神から私への罰です。

私　絶妙に嫌な罰だね。

田辺さん　あんりはいいよ！　私なんてとんでもない罰をもらったよ！

私　田辺さんも何かあったの？

田辺さん　最近ぼる塾で台湾ロケに行ったんだけどね……。

　田辺さんは悔しそうに顔を歪めながら6Pチーズを取り出して齧り、そして話し始めました。

田辺さん　帰りの空港で私茶器のセットを買ったの。より台湾茶を楽しみたくて。

私　あら、素敵。

田辺さん　私お金足りなくてあんりとはるちゃんからお金借りてまで買ったのよ。

私　うんうん。

田辺さん　そのセットに茶盤っていう道具がついててね。まぁ簡単に言うと、上がすのこ状になってる箱でお湯を捨てられるの。お茶を美味しく飲むためにお湯をかけて道具を温めたりするんだけど、そうい

うとき温め終わったお湯をどこに捨てるか困るでしょ？

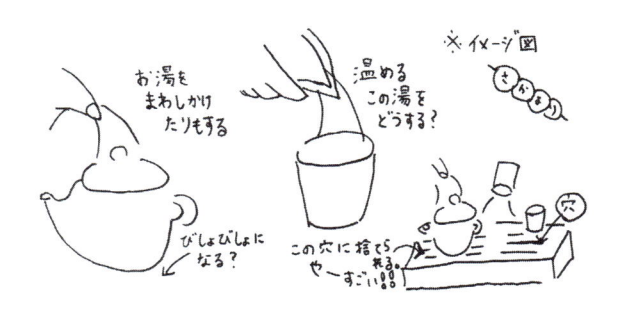

お茶に詳しくない私が描いた不親切なイメージ図

田辺さん その茶盤があれば、その場でお湯を捨てられるからいちいち台所に捨てに行ったりしなくて大丈夫なの。

　私は世の中には便利なものがあると思い、「便利だね」と言いました。

田辺さん 便利なんてもんじゃないよ！　動かなくていいんだから！　…そう…動かなくていいはずだったのに！

私 どうしたの？

田辺さん 私ね、昨日、早速お茶飲もうと思って喜び勇んで買った茶器セットを使ったの！　そうしたら……。

私 そうしたら？

田辺さん お湯を捨てられるはずの茶盤が浅すぎて捨てたお湯が溢れてきたの！　マジそこらじゅうびしょびしょ！　お湯捨てられなかったの！

あんりちゃん わざわざ台湾からお金借りてまで持ち帰ってきたのに。

田辺さん まじ悔しすぎる！　私お湯捨てたくて茶器セット買ったのに！

私　いや、お茶飲みたくてでしょ。

田辺さん　いや、私はお茶飲みたいんじゃなくてお湯捨てたくて買ったのよっ!!　それ以外ある!?

　私は田辺さんのお湯を捨てたい欲求の強さに心打たれました。

はるちゃん　田辺さんよっぽどお湯捨てたいんですね。

田辺さん　私ほどお湯を捨てたい人もいないよ。

あんりちゃん　お湯捨てたい選手権あったら日本代表間違いなしですよ。

　私はどんな選手権だよと思いました。

田辺さん　マジ私世界大会で活躍できるよ！　もう、悔しすぎて即行で新しい茶盤をネット通販で買ってやったよ！　だから今私は茶盤を2個所有していることになるの。だから……。

　田辺さんは私の目を真っ直ぐに見て言いました。

田辺さん　あんたお湯捨てられないほうの茶盤いる？

　私は人からの贈り物に対し、初めて心の底から「いらない」と言いました。はるちゃんは神さまから何も罰せられなかったそうです。

＊

　あんりちゃんが、「あの後、すぐに自動販売機の会社の人が動いてくれました」って自動販売機の会社の人の仕事の速さを教えてくれました。

  # 結果を出す女

　ぼる塾４人でライブの前に雑談していたときのことです。

「いや～、私、頑張ろ！」

　私は口癖のように「私頑張る」、「私はもっと頑張らないとね」と言ってしまうのですが、そのときも無意識にそのような言葉を口にしていました。

田辺さん　あんたはもう頑張ってるよ。

　私の言葉に田辺さんが反応しました。

あんりちゃん　そうですよ。酒寄さん頑張ってますよ。
はるちゃん　うん！　いつもすごいって思うもん！
田辺さん　頑張りすぎると爆発するから気をつけないと駄目よ。
　　私　……みんな、ありがとう。

　私は自分のことを考えてくれる仲間の存在がとても嬉しくなり、それぞれ何か食べている最中の３人にお礼を言いました。

田辺さん　そりゃね、私みたいにいつも結果出している人間が近くにいたら焦るのもわかるよ。

　せんべいを食べ終わった田辺さんがいきなり何かを言い始めました。

田辺さん　私は常に結果を出しているからね。私はずっと結果を出し続けてきたよ。昨日も結果出してたし。

あんりちゃん　その通りですね。

はるちゃん　えー本当に？

あんりちゃん　田辺さんは別に良い結果を出したとは言ってないだろ。

田辺さん　そうよ。良い結果を出したとは一言も言ってないわ。

　田辺さんはそう言いながら白い大きな紙を取り出してため息をつきました。

あんりちゃん　何ですか？　その紙？

田辺さん　……ああ、これね。ライブのフライヤーのイラスト描くの私の番なんだけど、ずっとやらなきゃなーやらなきゃなーって思いながらサボっていたら、何か今日中に描かないといけないらしくて。

　※ぼる塾は4人で順番に主催ライブのイラストを描いています。

はるちゃん　大変ですね。

田辺さん　まぁね〜。今日は私いろいろやらないといけないのよ。

あんりちゃん　いろいろって？

田辺さん　ナイチンゲールダンス（後輩芸人）のYouTubeも出る出るって言っててなんだかんだ出てなくて、今日撮ろうってなって。

私　うんうん。

田辺さん　『CanCam』のリレーエッセイの締め切りも今日なんだけど、まだ1000文字しか書けてなくて。

あんりちゃん　田辺さん全然結果出してないじゃないですか。

田辺さん　違うよっ!!　私が結果を出してきたからこそ、できなかったの！他の事で結果を出してきたしわ寄せがここにきたのよっ!!

はるちゃん	他の事って？
田辺さん	それはよくわからないわ。
あんりちゃん	何してたんだよ。
私	今日、終わりでぼる塾のYouTubeも撮影しようかと思ったけど難しいかな？
田辺さん	大丈夫！　撮りましょ！　私は結果出すからね。
あんりちゃん	本当かよ。
私	そうそう、ラーメン屋さんのことであんりちゃんに聞きたいことがあって。
田辺さん	あら、何かしら？
あんりちゃん	酒寄さんは私に聞いてるんだよ！　早くフライヤー描けよ！

　4人でラーメンの話で盛り上がった後、田辺さんはなんとかフライヤーを描き終わり、ライブに出演し、続いてナイチンゲールダンスのYouTube撮影に向かいました。あんりちゃんとはるちゃんはラーメン屋さんの話をしたことでラーメンが食べたくなり、田辺さんがいない時間を利用してラーメンを食べに行きました。

田辺さん	あら、2人は？

　私が1人で待っていると、田辺さんが戻ってきました。

私	ラーメン食べに行ったよ。
田辺さん	か〜羨ましい！　あの子たちは時間の使い方が上手だね！
私	田辺さんもナイチンゲールダンスのYouTube撮影は大丈夫？
田辺さん	終わったよ！　あんりとはるちゃんが戻ってくる前に『CanCam』の原稿完成させるわ！　まだ900文字しか書いてないの。

　なんと田辺さんはあんりちゃんとはるちゃんに100文字ほど多めに申告していたことがわかりました。

　田辺さんは寝っ転がって原稿の続きを書き始めました。

田辺さん　……なんだか自分で書いていて何が言いたいんだかよくわからなくなったわ。ちょっと読んでくれない？

　私は田辺さんが途中まで書いた文章を読ませてもらいました。

田辺さん　どうかしら？
私　不思議の国のアリスを読んでいるときと似た感覚を覚えたよ。
田辺さん　オッケー！　じゃあこのまま進めるわ！

　田辺さんは原稿を書きながら、

田辺さん　**ねぇ、なんで大盛りを頼むのって恥ずかしいのかしら？**

　と、難しい質問をしてきました。

私　え、なんでだろう？
田辺さん　大盛りって別に恥ずかしいことじゃないのになぜかしら？
私　普通盛りとか並盛って言葉があるからかな？　普通に対して大っていうのが普通じゃないみたいに感じるとか？
田辺さん　確かに普通じゃないよ！って感じがするのかもしれないね。
私　普通盛り、大盛りじゃなくて、ハッピー、エンジョイとかだったらどうだろう。「ごはんはどうされますか？」「ごはんはエンジョイで」みたいに。

田辺さん　そりゃ良いね！　ご飯大盛りでも大盛りな感じしないし、なんか店内が愉快な感じがして良いね！「私ごはんハッピーで！」って言いたいよ！　**ありがとう！　使うね！**

私　**使う？**

田辺さんは私に質問したことをそのまま原稿に書いていたのです。

田辺さん　酒寄さんのおかげで300文字くらいは書けたと思うわ。

私　田辺さん文字数すごく刻んでくるね。役に立てたならよかったよ。

田辺さん　いや〜私本当に文章書くのが苦手でさ。酒寄さんおススメのエッセイとかある？　読んで勉強したいよ。

私　田辺さんは食べ物紹介することが多いし、食べ物のエッセイとかがいいよね？　それなら…。

　私がおススメの本を紹介すると、田辺さんは原稿を書くのをやめて通販のページに飛んでその場で購入してくれました。

田辺さん　やだ！　何か私、間違えて電子書籍で買っちゃったっぽい！　私電子書籍使えないのに！

　田辺さんは紙の本で欲しかったのに間違えて電子書籍で買ってしまったようでした。田辺さんは「くそっ！」と言いながらいろいろいじっていましたが、

田辺さん　…もう面倒だから良いわ。紙で買い直すわ。

私　間違って買っちゃったので、返品させてくださいって言ったらできないのかしら？　ちゃんと紙の本で買いますって言ったらいい

　　　　よって通販サイトも言ってくれそうじゃない？

田辺さん　いや、いいわ。なんか大変そうだし。金ならあるし。

　田辺さんは変な所で金持ちアピールをしてきました。私たちがそんなことをしていると、あんりちゃんとはるちゃんが帰ってきました。

はるちゃん　ラーメン美味しかったです！

あんりちゃん　今度2人も行きましょう！

　結局、田辺さんは2人が戻ってくる前に原稿を終わらせることはできないばかりか、読めない電子書籍にお金を使ってしまいました。

あんりちゃん　2人は何してたんですか？

田辺さん　私は結果出してたよ。

　田辺さんは常に結果を出しています。

  # 田辺さんのあだ返し

　私はよく、「今日は楽しいことあった？」と、あんりちゃんとはるちゃんと田辺さんに聞きます。

　ある日の田辺さんは**「あんりと私がびしょ濡れになったうえに寿司屋に入れなかった。はるちゃんにびしょ濡れはごまかしたよ」**と教えてくれました。

　私は楽しそうだけどよくわからなかったので、後日、ライブ前に「あれはなんだったのか」と田辺さんに聞きました。すると、その場にいた3人でその日の出来事を教えてくれました。

　その日、3人は福岡で仕事があったそうです。

あんりちゃん　私たちは地方で仕事のとき、着いたらまず何を食べるか話し合うんですけど、その日もそうなったんです。

　その日は帰りの飛行機の時間にゆとりがあり、福岡で夕飯も食べられる余裕があったそうです。

あんりちゃん　私たちが福岡で大好きな焼き鳥屋さんがあるんですけど、そこに行こうかって話になって。

はるちゃん　そうそう！　でも田辺さんが「ゴールデンウイーク中だし混んでるんじゃない？」って言って。

田辺さん　だって、いざ行ったら混んでいて入れませんでした、って嫌じゃ

ない？

はるちゃん　見てから決めたらいいじゃないですかって提案しても、田辺さんは、「いや、無理だよ。近づいて駄目だったらダメージでかいよ！」って確認するのすらNG出してきて。

あんりちゃん　田辺さんが頑なに「焼き鳥はきっと無理だよ！」って言うんで、一旦焼き鳥はなしになったんです。

田辺さん　私傷つくのが怖いの。

　田辺さんは焼き鳥屋さんに対し、数年ぶりに恋しちゃった人みたいになっていました。

あんりちゃん　じゃあ、せめて昼に寿司を食べようってなって。劇場の近くに私たちが好きな回転寿司があって。

田辺さん　私とあんりで合間に行くことにしたの。はるちゃんは留守番してるって言って。

あんりちゃん　それで、劇場出たら**まさかの大雨で。**

田辺さん　**土砂降りだったわ。**

　２人の寿司への思いは強く、結局傘なしのままダッシュで突破を試みたそうです。

あんりちゃん　**一瞬でずぶ濡れになりました。**

田辺さん　マジでずぶ濡れ！　しかもさ、ずぶ濡れになってまで行った回転寿司が激混み!!　外まで大行列!!

あんりちゃん　これは寿司無理だってなって、諦めて、また土砂降りの中をダッシュで帰ったんです。

田辺さん　私とあんり、ただずぶ濡れになりに行っただけだったよ。

あんりちゃん　本当ですよ。楽屋に戻る前に、「こんなにずぶ濡れで寿司も食べられなかったって言ったら、絶対はるちゃんに何か言われるよね。あの女は大喜びだ」ってなって。

はるちゃん　私のことなんだと思ってるの?

田辺さん　**あんたは悪魔よっ!!**

　はるちゃんはあんりちゃんと田辺さんが「最近起き上がるのが辛い」「沈むタイプのソファは危険。立ち上がれない」などの話をしているとき、「痩せたらいいんじゃないですか?」と言って以来、悪魔認定されています。

あんりちゃん　田辺さんと話し合って、「はるちゃんに我々がずぶ濡れなことは隠そう」って決めたんです。

私　隠せるの?

あんりちゃん　我々が戻ったら、早速はるちゃんが「すごく濡れてない?」って言ってきたんで、**「本当すごく混んでた!　びっくりした!!」「激混みっ!!　外まで長蛇の列!!」「流石、ゴールデンウイークだよねー!!」**って、店の混雑をアピールすることでごまかしました。

私　それはごまかせてるの?

はるちゃん　びしょ濡れで2人が戻ってきて、「濡れてない?」って言っても寿司屋が混んでいた話で返してくるんです。**でもびしょ濡れなんです。**

田辺さん　それなのにはるちゃんったら、「びしょ濡れだよね?　風邪ひくから拭きなよ!」っていじってきて。

私　それはただの心配じゃない?

はるちゃん　だって、泳いだ?ってくらい濡れてるんですよ!

　私は以前名探偵コナンを見ていて、事件に巻き込まれてずぶ濡れになっ

たコナンがずぶ濡れの状態で仲間たちに合流したとき、誰もコナンが濡れていることにツッコミを入れずに普通に会話をしていたことを思い出しました。

> **私**　（逆コナンだ…）
>
> **あんりちゃん**　田辺さんがずぶ濡れの状態で「回転寿司も混んでたし、焼き鳥屋さんも混んでるよ！　行っても無駄だよ！」ってまたさっきの焼き鳥の話を復活させて。
>
> **田辺さん**　だって、寿司は食えず、ずぶ濡れではるちゃんにいじられて、それでさらに傷ついたら辛いじゃない。
>
> **あんりちゃん**　……でも、私はずっと焼き鳥を諦めていなかったんです。
>
> **私**　あんりちゃんは行きたかったの？
>
> **あんりちゃん**　はい。だから、仕事が終わったとき、**「食べなくて良いから一回、焼き鳥屋さんの前を通らない？」**って提案したんです。
>
> **私**　どういうこと？
>
> **あんりちゃん**　最初から空いていたら食べようって気持ちで様子を見に行くとします。田辺さんも言っていた通り、それで混んでいて入れなかったら落ち込むじゃないですか。**だから、食べようと思わずにただ前を通って、たまたま空いていたら入ろうって考えです！**
>
> **はるちゃん**　難しい。
>
> **あんりちゃん**　それなら混んでいても、『別に食べようって思ってないし。ただ前を通っただけだし。やっぱりね！　混んでるよね!』って傷つかないじゃないですか！

あんりちゃんも田辺さんも傷つくのが怖い気持ちは同じようでした。

> **私**　結局行ったの？

田辺さん	行ったわよ！　あんりがどうしても「前を通るだけだから！」って強くお願いしてくるから。
あんりちゃん	結果…焼き鳥屋さんに入れたんです！　私の諦めない気持ちがみんなを焼き鳥に導いたんです!!
私	すごい！　やっぱり諦めちゃいけないね。
あんりちゃん	諦めたらそこで試合終了ですから!

　スラムダンクの安西先生の名言はあんりの食い意地にも適用されたようでした。

あんりちゃん	本当にみんなには感謝してほしいです。田辺さんの諦めっぷりじゃ絶対に入れなかったですよ。
田辺さん	そうね。寿司を食べれなかったこともずぶ濡れになったことも全て救われたわ。はるちゃんなんてずぶ濡れにならなくて焼き鳥行けたんだよ！　あんりに感謝しな！

　私はずぶ濡れに関しては『勝手に2人が濡れたのでは？』と思いました。

あんりちゃん	そう！　私は恩人なんですよ！　それなのに…田辺さんはその恩をあだで返したんです！

　田辺さんは恩をあだで返したようでした。

あんりちゃん	焼き鳥屋さんで美味しく食べていたときに事件は起こりました。

　あんりちゃんは『鶴の恩返し』ならぬ、『田辺さんのあだ返し』という嫌な昔話を話し始めました。

あんりちゃん　私が頼んだイカの足の串がとても美味しかったんです。だから私が思わず、**「うますぎ！　このイカのタトゥーほっちゃおうかな」**って言ったんです。その直後に店員さんが入って来て、「○○でございます」って別の串を置いていって。

私　うんうん。

あんりちゃん　そうしたら田辺さんが、**「あんりよかったね。すべってたから」**って言ったんです。私はきっと自分の聞き間違いだろうと思って、**「今なんて言った？」**って聞いたんです。

　再現したあんりちゃんの「今なんて言った？」は聞き返しのテンションではなく、これから喧嘩を始める人の怒声でした。

あんりちゃん　そうしたら、田辺さんは、**「あんり、イカの足のタトゥーでおすべりになられてたから。店員さんに助けてもらったね。場の空気を新しい串で変えてもらって」**って言ってきたんです!!

　私はそれを聞いて田辺さんを見ました。

田辺さん　**だって、イカの足のタトゥーって大すべりだよ。**

　田辺さんは冷静に答えてきました。

あんりちゃん　私それを聞いて言ったんです！「仮に私がすべっていたとしても酷いじゃないですか！　私はずっと田辺さんが隣ですべり続けているのを助けてあげたのに、私のことは助けてくれないんですか！」って！　そしたら、**「無理よ。助けられないよ。だって、イカの足のタトゥーって大すべりだよ」**って！

田辺さん だってイカの足のタトゥーって大すべりだよ！

私 田辺さん、いつも助けてもらっているんだから、仲間がすべった
ときは助けてあげなよ。

田辺さん 嫌よ！

田辺さんは「いいよ」と答えるのが当たり前のお願いを即断りました。

田辺さん 私はね！　誰よりもすべりに敏感なの！　誰よりもすべりを察
知するのが得意なの！　自分がすべっているときも『ああ、今私
すべっているな』ってすぐにわかるの！

はるちゃん すごい！

あんりちゃん いや、すごくないよ。田辺さんただすべってるだけだから。

はるちゃん 私は自分がすべっていることに気づきません！

私 それはすごい。

田辺さん だからこの能力を活かして、なるべくすべりに巻き込まれないよ
うにすべりから逃げるようにしてるの！　それが仲間のすべりで
あってもね！

あんりちゃん ひどい！

田辺さん 何とでも言いなさい！　私はすべり共演NGよ！

私 田辺さん、チームワーク大事だから。ね！

　私はそのとき田辺さんをたしなめながらも他人事のように言っていまし
た。しかし、悲劇は繰り返します。

　話を聞いた直後のインスタライブで私自身が大すべりをし、助けようと
したあんりちゃんも巻き込まれて大すべりをし、

私 （誰か助けて！）

周りを見ると、田辺さんが小走りで逃げている後ろ姿が見えました。

私　（田辺さん走ってすべりから逃げている！）

その日、私はいつもサイズが大きいと思っている田辺さんの背中が初め
て小さく見えました。

ほぼ初！
福岡 1 泊 2 日旅の裏側

　ぼる塾は、KBC九州朝日放送で『ぼる部屋』という冠番組をさせてもらっています。**【ぼる塾と女性スタッフが"すべての女の子たちへ"お届けする番組】**という番組のテーマにふさわしいワクワクてんこ盛りの番組です。『ぼる部屋』に関して個人的な思い出があります。

　ある日、出かけ先で偶然私の隣の席に有名先輩芸人の方（みなさん絶対知っている）が座りました。
　その方は、観ているテレビの話をしていました。
　「毎週ぼる塾の『ぼる部屋』を観ている」

　　　私（え、すごい！　ありがとうございます！）

　続いて、「ウォーキング・デッドをシーズン3で脱落した」と話しており、ぼる部屋はあのウォーキング・デッドに勝ったのかと感動しました。

　その『ぼる部屋』が番組を開始してから3年の頃、初めてのファンイベント『日帰りバスツアー』を開催しました。番組スタッフさんが、「ぜひ、酒寄さんも！」と言ってくださり、私は『ぼる部屋』に初登場をすることになりました。

　私にとっては福岡自体がほぼ初めてです。

　以前、一度だけ福岡に行ったときはぼる塾3人の単独ライブの見学のみで帰宅。４人で初めての福岡単独ライブのときは発熱して病欠しました。

　今回は私がメモに残していた『ほぼ初！　福岡１泊２日旅の裏側』を公開します。

〜福岡まであと数日〜

　羽田空港には第１・第２ターミナルがあり、自分が間違った方に行って飛行機に乗り遅れる想像が止まらなくなる。耐えきれず田辺さんに連絡。

田辺さん　わかるよ！　私も未だに怖いよ。

私　JALは第１ターミナルっていろんなところで調べてどこにもそう書いてあったけど本当？

田辺さん　本当だよ！　でも私は不安だから毎回運転手さんに確認してる。

私　田辺さん毎回飛行機のパイロットに確認しているの!?

田辺さん　違うよ！　行きのタクシーの運転手さんよ！

〜当日。行きの飛行機・ホテルまでの道のり〜

　無事、飛行機に乗る。昨夜は心配で眠れなかったので飛行機の中で寝ようとするも、JAL機内誌の間違い探しが難しすぎてずっとやっていたら福岡に到着。タクシーでホテルに向かう。

　タクシー運転手さんに「お客さん絶対にKing Gnuのライブでしょ！」と聞かれ、

私　……すみません。違います。

気まずかったのか、運転手さんはその後ずっと黙ってしまった。「お客さん絶対にKing Gnuのライブでしょ！」の一言のテンションがすごく明るく楽しそうな運転手さんだったので、「はい！　King Gnuのライブです!」と、嘘をつけばよかったと一瞬思った。

〜3人と合流・夕飯に美味しいもつ鍋・寝るまで〜

福岡でロケをしていた3人と合流。スタッフさんとご挨拶し、いよいよ明日だとドキドキする。そのまま3人と夕飯へ。

3人　さっきまで食べるロケをしてきたから、私たちは味見程度でいい。

結果、4人で4人前以上食べる。たくさん食べ終わった後の幼なじみコンビの会話が愉快だった。

あんりちゃん　本当に食べ過ぎた。はちきれそう。あんり、はちきれそう。
はるちゃん　なんかサザエさんの次回予告にありそう！
あんりちゃん　さて、次回のお話は〜？「フネです。次回『あんりはちきれそう』の3本です」。
はるちゃん　あんりで3話やるの？　1話にまとめないの？
あんりちゃん　3話に分けるよ。
はるちゃん　最後にあんりはどうなるの?
あんりちゃん　もちろん3話目ではちきれるよ。

ホテルまでのタクシー。あんりちゃんが、「住所言いますね、東京の〜」と言い、田辺さんが、「どこまで行く気!?　福岡から東京までタクシーでいくらかかるかしら！」と、大笑い。田辺さんは「明日もこのネ

タで笑うよ」と言っていたが、数か月後もこのネタで笑っていた。
「明日はバスツアーだから夜更かしせず、早く寝るように」と、4人で決めたが、田辺さんとお互い自分の部屋から一歩も出ずにLINEでアニメ『おそ松さん』について深夜まで語り合ってしまう。

～朝食バイキング～

　朝は朝食バイキング。寝不足で待ち合わせ場所に向かうと、約束5分前なのにもう田辺さんはいた。あんりちゃんとはるちゃんは朝食はパス。マネージャーさんが合流して3人で向かう。

> 田辺さん　ここの朝食バイキングを酒寄さんに食べてもらいたかったの！

　田辺さんはここの常連。朝から寿司か海鮮丼のどちらか選べてさらにバイキングには九州各地の名物があって驚く。私は寿司を選択。「これは食べるべき」という田辺さんの指示通り料理を取り、九州各地の名物を朝からいただく。おかわりを取りに行くとき、奥の方にいろんなパンとそれを自分で焼けるトースターを発見したので田辺さんに報告。

> 田辺さん　**こんなところにパンが！　何度も来ているのに知らなかった！**

　田辺さんはパンの周りをうろうろした後、「パンを焼くのが恥ずかしい」と言い、マネージャーAさんに自分のパンを焼かせていた。

> 私　パンを焼くより恥ずかしいこといっぱいしているじゃない。
> 田辺さん　本当だよね。

過去に田辺さんが、「おしり」という単語に私の息子が喜ぶと気づき、デパート内で「おしり、おしり、おしり〜」と「おしり」しか喋らくなったことを思い出す。マネージャーAさんのパンの焼き方は「大変すばらしい」とのこと。

〜バスツアー〜

　最高の思い出。最後にはるちゃんがうれし泣きをした。はるちゃんはトイレ休憩中なども「楽しい！　幸せ!」と言い続けていた。私も同じ気持ちだった。

〜福岡から東京〜

　福岡空港に到着。３人がぎりぎりまでおススメのお土産を教えてくれる。「いつも帰りの飛行機に乗った時点で解散。帰宅は各自」と聞き、それぞれ自分の席へ。爆睡するつもりが、飛行機の中で見られた『深夜食堂』に見入ってしまう。羽田到着。ゲートを出るとあんりちゃんが立っていた。

あんりちゃん　酒寄さんお疲れ様でした！

「帰宅は各自」と決まっていたのに、あんりちゃんは心配してずっと私のことを待っていてくれたようだった。「酒寄さんの初ぼる部屋。最後まで見てから帰ります」と言い、私が乗ったタクシーに手を振り続けてくれた。

　以上、『ほぼ初！　福岡１泊２日旅の裏側』ありがとうございました。

靴下記念日

春の一日。その日はぼる塾3人のお仕事に私も付き添いができることになり、みんなの勇姿を見ようと駆けつけました。

私 　今着いたんだけど、誰もいない！　みんなぎりぎりになりそう？

田辺さん 　あんた集合時間、1時間後だよ。

何を勘違いしたのか1時間早く待ち合わせ場所に到着してしまい、駅ビルで前の仕事からの空き時間を潰していた3人と合流させてもらいました。

田辺さん 　あんた、その格好暑くない？　大丈夫？

田辺さんの第一声はそれでした。

私 　別に大丈夫だよ。

田辺さん 　大丈夫じゃないよ！　あんた重ね着なんかして！　どう考えても今日は重ね着日和じゃないよ！

私 　ちなみに中にヒートテック着てる。

田辺さん 　ひえ〜！　ヒートテック！　私なんてレースだよ！

あんりちゃん 　酒寄さんは確かに気温に対して厚着だけど、田辺さんは薄すぎる。

その場はあんりちゃんが「酒寄さんは大人なんだから暑かったら自分で

脱ぐ」と言ってくれて収まりました。

　まだ集合時間には余裕があったので、はるちゃんはトイレに、田辺さんとあんりちゃんは靴下売り場に行きました。私はアクセサリーショップの店員さん同士が別の店員さんの悪口を言っているのを盗み聞きしていたのですが、途中で見つかってしまいました。店員さんに「何かお探しですか〜？」と聞かれ、

> **私**　今、悪口を言われていた店員さんの、悪口を言われるほどの落ち度を探しています。

と、言うわけにもいかず、「あ〜いえ〜おほほ〜」と、にやにや笑いを残して、田辺さんとあんりちゃんのいる靴下売り場に合流しました。
　靴下売り場では田辺さんとあんりちゃんが真剣に靴下を見ていました。

> **私**　わ〜可愛い靴下いっぱいだね。
> **田辺さん**　最近買った靴下もうなくしちゃってさ。うち本当によく靴下が消えるんだけど。
> **私**　田辺さん家って靴下からしたら恐怖の館だね。
> **田辺さん**　相当怖いよね。仲間がどんどん消えていくんだもん。

　私たちは田辺さん家を舞台にした靴下主役のミステリー小説をいつか2人で作ろうと約束しました。田辺さんは私と話しながら何足か選んで手に持っていました。

> **私**　見て、この靴下すごいスケスケだよ。
> **田辺さん**　あら、本当だ。スケスケね。
> **私**　何と合わせるんだろう？　パンプスとか？

田辺さん　パンプスかしらね？　サンダルとか？

　田辺さんはそのスケスケの靴下を手に取って、お会計に向かいました。

　　私　（田辺さん、あのスケスケの靴下も買うんだ…）

「いまいち履き方もよくわからないスケスケの靴下を購入するなんて流石田辺さん」と、私が思いながら待っていると、レジを終えた田辺さんが速足で戻ってきました。

田辺さん　**ちょっと、お会計とんでもなく高かったんだけど!!**

　田辺さんは購入する靴下の値段を見ないでお会計に持っていったらしく、想像以上の高さに驚いたそうです。

田辺さん　靴下の値段って大体これくらいだろうって予想できるじゃない？
　　　　　その予想を大幅に上回る値段の高さだった！

　田辺さんは慌てて今貰ったばかりのレシートを見て、靴下の値段を確認し始めました。

田辺さん　わ、この最後のスケスケの靴下がとっても高いっ!!
　　私　何でそれ買おうと思ったの？
田辺さん　なんとなく。

　田辺さんはなんとなくで購入した靴下の値段の高さに何度もレシートを見てたまげていました。

田辺さん	こんなことってないよ！ 何がいけなかったの？
私	靴下の値段を見ないからじゃない？
田辺さん	**その通りだよっ！ 本当に私はバカだよ！**

　私たちがそんなやりとりをしていると、あんりちゃんがお会計を済ませて戻ってきました。

あんりちゃん	どうしました？
田辺さん	値段を見ないで買った靴下が高くて驚いてるの！ 酷くない？
あんりちゃん	なんで値段を見ないで買ったんですか？
田辺さん	**私がバカだからよ！**

　そんなやりとりをしていると時間になったので、集合場所に向かいました。トイレに行ったはるちゃんから、「混んでる階のトイレひいちゃった！ やばい！ 先に行って！」と、連絡がきて心配になりましたが、なんとか間に合いみんなで車に乗って目的の場所に向かいました。
　はるちゃんは速攻で寝てしまい、気が付いたら田辺さんとあんりちゃんとウィンナーの話で盛り上がっていました。

あんりちゃん	何かウィンナーが冷蔵庫にあると安心するんですよね。
田辺さん	わかる！
私	ウィンナーって自分で買うようになって値段高くて驚いたな〜。
田辺さん	わかる！
あんりちゃん	そうなんです！ だから大切に扱いたいですよね。今、家の冷蔵庫にシャウエッセンがあるんですよ。そう思うと嬉しくなります。
田辺さん	いいな〜！
あんりちゃん	やっぱりシャウエッセンは最高ですよね！

私　美味しいよね〜。

あんりちゃん　**あ、もちろん、ウィンナーと言えば香薫も美味しいですけどね！　香薫も最高！　私はどっちも大好きです！**

　あんりちゃんは突然香薫ウィンナーを擁護し始めました。その擁護っぷりは、まるでこの車内が香薫ウィンナーに盗聴されていることを思い出した人みたいでした。

田辺さん　ねぇ、酒寄さん暑くない？　厚着過ぎない？

　ひとしきりウィンナーの話で盛り上がった後、私を見て言いました。

私　デジャヴ？

田辺さん　いや、改めて見たらすごく暑そうに見えるから。車の中だとより暑そうだよ。

私　確かに少し厚着し過ぎたかも。

田辺さん　そうよ！　だって今日暖かいって天気予報見なかったの？

私　見たよ。……あ！　私、帰りの気温見て服選んでるからかもしれない。

田辺さん　**なるほどね！　私はいつも今しか見ないよ！　今だけ見てる！**

私　**今より靴下の値段見なよ。**

田辺さん　**あんたその通り過ぎること言うね。**

　田辺さんは「何で私の【今】に靴下の値段は含まれなかったのかしら？」と本人がわからなければ永遠にわからないクイズの解答に悩んでいました。

あんりちゃん 靴下ってそんなに高かったんですか？

　田辺さんが値段を言うと、あんりちゃんは「まぁ、お高めだけど、欲しい靴下だったらそれぐらい出しちゃいますよ」と言いました。

田辺さん いや、欲しかったわけじゃなくて、最後になんとなくノリで買った靴下だから余計に高く感じるのかも。

あんりちゃん その靴下見せてくれますか？

　田辺さんからスケスケ靴下を渡されたあんりちゃんは「可愛いじゃないですか！」と言って、この靴下の可能性をいろいろ考えてくれました。

田辺さん あ〜なるほどね！　そう履けばいいのね。

私 よかったね。少しはダメージ減った？

田辺さん いや、まだ……。

私 それなら10年履いたらいいんだよ！　10年も履いちゃえば日割りにしたらタダみたいなもんだよ！

田辺さん 確かに！　10年履いたらむしろお金もらって履いてるようなもんよね！（？）

あんりちゃん ２人ともそんなてきとうな事言わないでください。

私 田辺さん……。

あんりちゃん 確実な５年を目指しましょう。

私 確かに！　５年の方が現実的だ！

田辺さん そうね！　５年なら頑張れば本気でいけそう！

あんりちゃん しかも、１年ごとにパーティーをしましょう。

　あんりちゃんはさらに名案を出してくれました。

あんりちゃん　１年後まで履き続けられたら、来年の今日に『田辺さん靴下記念日』パーティーをするんです。そして再来年も履き続けられたらお祝いにまた再来年の今日パーティーをするんです。

田辺さん　何それ！　楽しそう！

あんりちゃん　そう思えばこのスケスケ靴下も買った意味があるって思えませんか？　今日はぼる塾にとって新しい記念日。**そう、田辺靴下記念日です。**

田辺さん　今日、○月△日は田辺靴下記念日ね！

私　素敵だよ！　決めた！　私これから重要なパスワードは田辺靴下記念日の４桁の数字にするよ。

田辺さん　ありがとう！　みんなありがとう！

　田辺さんはそう言って、花粉症のせいで目に溜まった涙を拭いてました。

田辺さん　でも、１個だけ良い？

あんりちゃん　何ですか？

私　何？

田辺さん　**この靴下消えたらごめんね！**

　靴下ミステリーが始まる予感です。

  # 戦い続ける女

※田辺さんは実際にはそんなことしないので安心して読んでください。

世の中には、同じ名前だけど全く違うものがあります。例えば、花と鼻、柿と牡蠣、気候と寄稿…他にも探すとたくさんあります。今回の話は、同じ名前だけど全く違うものによる勘違いから始まりました。

ある日のことです。田辺さんの家に遊びに行った帰り道、田辺さんから連絡が来ました。

田辺さん 酒寄さんに天使のはね渡すの忘れた！

田辺さんは私の息子をとても可愛がってくれているので、私は田辺さんがもうランドセルを息子のために用意してくれたのかと驚きました（息子は４歳）。

私 田辺さんランドセルくれるの!?
田辺さん 天使のはねってお菓子よ！　ランドセルって！　そこまで余計なお世話しないよ（笑）！

天使のはねはランドセルではなく、沖縄で大人気の美味しいお菓子だったのです。

田辺さん　ランドセルって祖父母が孫に贈りたい物でしょ！　そこを田辺が
　　　　　かっさらったら流石にまずいよ。祖父母と田辺が同じ位置にいた
　　　　　ら悪いよ。

　田辺さんは「天使のはね（お菓子）は次回渡すからみたらしにあげて
ね！」と言って、このときは終わりました。
　数日後。ぼる塾4人で劇場の出番があり楽屋で待機していると、

田辺さん　あんり、聞いてよ！　この前酒寄さんがね……。

　田辺さんはよほど私がランドセルをもらえると思ったことが面白かった
らしく、あんりちゃんにそのときの話をしていました（はるちゃんは近く
で寝ていました）。

田辺さん　酒寄さんったら、天使のはね間違いをしてランドセルをもらえる
　　　　　と思ったのよ！　流石の私でも事前許可なくランドセルは買わな
　　　　　いよ！　しかも、みたらしまだ4歳なのに！
あんりちゃん　いや、今までの田辺さんの行動を考えるとランドセル買ってそう
　　　　　ですよ。
田辺さん　私、祖父母の楽しみ盗ったりしないよ！
あんりちゃん　いや、正直、田辺さん…自分は祖父母と肩を並べるポジションに
　　　　　いると思っているでしょ？
田辺さん　思ってないよ！　ちょっとしかね！
私　ちょっと思ってるんだ。
あんりちゃん　おじいちゃん、おばあちゃん、田辺さん。
田辺さん　こうやって並べると田辺さんマジ場違いだね。
あんりちゃん　お友だちがランドセルしょって「これおじいちゃんとおばあちゃ

んに買ってもらった！」とか「パパとママが買ってくれた！」って言ってる中で、みたらしが「僕は田辺さんに買ってもらった！」って言ったら、周りの友だちみんな「田辺さんって誰？」ってなりますよ。

私 他の家庭で田辺さんって続柄ないもんね。

田辺さん しかもぼる塾は小学生人気が低いから田辺さん知らないよね…。

私 でも、田辺さんはママ世代には刺さるから、「田辺さんって誰？ってママに聞きな！」って言えばいいのよ！

あんりちゃん それでぼる塾の田辺さんに買ってもらったって伝わったとして、「ぼる塾の田辺さんがランドセル買ってくれるわけないだろ！　あの人はお菓子しか買わないんだ！　うそつきだ！」ってお友だちからみたらしがうそつき呼ばわりされるかもしれませんよ。

田辺さん 私はお菓子以外も買うよ！　せめて芸能人と知り合いアピールしてる部分をうそつき呼ばわりしてよ！

あんりちゃん どっちにしろ田辺さんはランドセルを買わないほうがいいですよ。

田辺さん そうね。みたらしに迷惑がかかるなら諦めるよ。うそついてないのにうそつき呼ばわりされてさ…可哀想に…。

　田辺さんは想像上で犯した自分の過ちに苦しくなったのか、苦しそうな顔でアーモンド小魚を食べていました。

あんりちゃん でも、みたらしも小学生になったら田辺さんと遊んでくれなくなりますね。

田辺さん 嫌だよ！　私はみたらしが小学生になっても遊ぶよ！

あんりちゃん いや、小学生になったら放課後はお友だちと遊ぶからみたらし大忙しですよ。田辺さんと遊んでる暇なんかなくなりますよ。

　話は気がつくと小学生になった息子と田辺さんの友情は続くのかという問題に発展していきました。

田辺さん　それなら、タクシーで校門の前に乗り付けてみたらしを待ち伏せするよ。

　田辺さんはさらりと怖いことを言いました。

あんりちゃん　みたらしのお友だちが「みたらしー！　今日はみんなでサッカーしよう！」って言って、嬉しそうにみたらしも「うん！」って言って、みんなで仲良く並んで校門まで行くと……。

田辺さん　はーい！　みたらし！　今日は私とアフタヌーンティーに行くのよ！

　2人は即興コントを始めたようでした。

あんりちゃん　困るみたらし。本当はみんなとサッカーしたいのに……。

田辺さん　みたらし！　アフタヌーンティーの後は私とテニプリの応援上映やりましょ！

あんりちゃん　みたらしのお友だちは気がつくんです。みたらしが田辺さんを迷惑に思っていることに！　そして立ち向かうんです！

小学1年生たち（あんりちゃん）　1年生ーになったら♪　1年生ーになったら♪　友だち100人できるかなー♪　みんなでみたらしを守るぞー！　おー！

　ここであんりちゃんは立ち上がり、ラグビーのスクラムを組んだ小学1年生たちの姿を1人で実演してくれました。

田辺さん ふんっ！　こんな可愛いスクラム私の「まあね〜」で吹き飛ばせるわ！「まあね〜」！

　田辺さんが「まあね〜」と髪の毛をかきあげると、その風圧であんりちゃんは壁まで吹き飛びました。

小学1年生たち（あんりちゃん） うわーっ！

田辺さん さ！　みたらし！　アフタヌーンティーに行くわよ！　お紅茶が冷めちゃうわ！

　私は、紅茶淹れるの早すぎるだろと思いました。

あんりちゃん 小学1年生たちは落ち込むんです。「どうしよう……。おれたちじゃみたらしを守れないのか…」。すると、遠くから歌声が聞こえるんです…。「1年生ーになったら♪　1年生ーになったら♪　友だち100人できるかなー♪」

田辺さん 誰!?

あんりちゃん 1年生を守るのがおれたち2年生の仕事だー！　そう！　1年生のピンチに2年生が現れるんです！　昨年まで1年生だった2年生がこんなに立派になって！

　あんりちゃんは今度はラグビーのスクラムを組んだ小学2年生たちの姿を1人で実演してくれました。

田辺さん 2年生なら「まあね〜」2発だね！「まあね〜」「まあね〜」

　田辺さんが「まあね〜」「まあね〜」と2回髪の毛をかきあげると、そ

の風圧であんりちゃんは壁まで吹き飛びました。

小学2年生たち（あんりちゃん） うわーっ！

田辺さん さ、みたらし！　アフタヌーンティーのスコーンはとても美味しいのよ！　本場イギリスの味よ！

？ おいおい、オレたちにとってのスコーンはコイケヤだろ？

田辺さん 今度は誰よ！

私も今度は誰だと思いました。

？ 「1年生ーになったら♪　1年生ーになったら♪　友だち100人できるかなー♪」……よくもおれたちの可愛い低学年を吹き飛ばしてくれたな！　おれたち6年生が相手だ！

なんとラグビーのスクラムを組んだ6年生たち（あんりちゃん）が来てくれました。

小学6年生たち（あんりちゃん） おれたちは「まあね〜」じゃ吹き飛ばないぞ！　高学年だからな！

田辺さん 6年生か…ちょっとは骨のあるやつらが出てきたね。

小学6年生たち（あんりちゃん） 高学年をなめるなよ！

田辺さん 私のもうひとつの必殺技「食レポ」の出番だね。「はい！　こちら帝国ホテルのインペリアルラウンジ　アクアのアフタヌーンティーです！　こちらは1段目がデザート、2段目がスコーン・セイボリー、3段目がセイボリーとなっていますね！」

小学6年生たち（あんりちゃん） うわー！　セイボリーってなんだー！

田辺さん 見てください！　セイボリーの段に置かれたキッシュ！

小学6年生たち（あんりちゃん） うわー！　キッシュってなんだー！

セイボリーな上にキッシュであんりちゃんは壁まで吹き飛びました。

田辺さん 大人になったらわかるわよ。
**　？** 「１年生ーになったら♪　１年生ーになったらー♪　友だち100人できるかなー♪」

また、歌声が聞こえてきました。

中学１年生たち（あんりちゃん） 小学生相手に大人げないぞ！　おれたち中学１年生が相手だ！
田辺さん 再び１年生に戻って来たってわけね。

　この騒ぎにラグビーのスクラムを組んだ中学１年生たち（あんりちゃん）が駆けつけてくれました。

田辺さん こちらのアフタヌーンティーのお値段ウン万円です。
中学１年生たち（あんりちゃん） うわー！　中学生のおこづかいじゃ無理だー！

　中学生にとってびっくりな大人のお値段にあんりちゃんは壁まで吹き飛びました。

田辺さん さ！　みたらし！　行きはテニプリのキャラソンを聴きながら行きましょう。

もう、誰も田辺さんを倒すことはできないのかと思ったそのとき、

PTA（あんりちゃん） どうもPTAです。

田辺さん PTAよ！　酒寄さん助けて！

私 私もPTAは敵に回したくないよ。

　田辺さんでもPTAが相手だと助けを呼ぶんだなって思いました。はるちゃんはずっと幸せそうに寝ていました。

ヨネダ2000と
タコスパーティー

　ぼる塾の後輩にヨネダ2000という女性コンビがいます。『M-1グランプリ2022』ファイナリストにもなっている実力者です。ボケの誠ちゃんとツッコミの愛ちゃんはとても愛らしく、ぼる塾はヨネダ2000が大好きです。楽屋が一緒のときはよくお喋りをします。

　ある日の楽屋。

あんりちゃん　私さ、占いによると恋愛面でこの夏は動かないほうが良いらしい。

愛ちゃん　じゃあ我慢のときなんですね。

あんりちゃん　でも、秋からは積極的にパーティーとか行った方が良いらしいんだよね。

誠ちゃん　急に秋からグイグイ行きますね。

　あんりちゃんが最近行った占いの結果をテーマにぼる塾とヨネダ2000で話していました。

あんりちゃん　でもさ、私パーティーとか行くようなタイプじゃないんだよね。むしろ苦手だから行きたくないんだ。でもね！　そろそろ本気で恋愛したいんだよ！　だからパーティー苦手とか言ってる場合じゃないんだよ！

はるちゃん　じゃあ私が一緒にパーティー行ってあげる！

あんりちゃん 絶対やだ！

はるちゃん ぴえーん！

あんりちゃん はるちゃんみたいなボブの女と一緒にパーティー行ってごらん！
ボブの女は動きが速いから全部もっていかれる！

田辺さん わかるよ。ボブは速い。

誠ちゃん ボブ速いです。

あんりちゃん ボブの女はこっちがまだ起き上がってもいないうちに全部を終わ
らせているの！　男をかっさらってる！

田辺さん マジボブ速すぎて動き見えない。

誠ちゃん こっちはボブの残像を見ている感じですよね。

　田辺さんと誠ちゃんの口から出るボブは、女性の髪形というよりも陸上
競技の外国人男性選手のように聞こえました。

はるちゃん え〜私何もしてないよー！　ただ可愛いだけだよー！

あんりちゃん くそっ！　…悪いけどはるちゃんとはパーティーに行けない。そ
の代わり一緒に新大久保で焼肉食べよう。

はるちゃん わーい！　新大久保大好き！

　はるちゃんはあんりちゃんと新大久保に行くことが決まり、喜んでトイ
レに行きました。はるちゃんがトイレに行くと、ずっと黙っていた愛ちゃ
んが手を上げて言いました。

愛ちゃん あの〜私もボブなんですけど。

あんりちゃん ほんとだ！

田辺さん ほんとだ！

誠ちゃん 愛さんもボブだった！

あんりちゃん	でも、愛ちゃんは『ボブの女』っていうより、『女のボブ』だからオッケー！
愛ちゃん	え？　それ何が違うんですか？
あんりちゃん	全然違う。私は『女のボブ』は好き。『女のボブ』はパーティーにも連れて行く。
愛ちゃん	パーティーに行けるならいっか〜。
あんりちゃん	でも、私パーティー行きたくないんだよね。
愛ちゃん	え！　それだと私、連れてってもらえないじゃないですか！

　愛ちゃんがしょんぼりしました。私は、謎の『女のボブ』な上にパーティーにも連れてってもらえないとなると愛ちゃんが可哀想だと思いました。すると、あんりちゃんが、「そうだ！」と、突然立ち上がりました。

あんりちゃん	私がパーティーを開く！　行くよりも開くほうがハードル低い！
愛ちゃん	じゃあ私パーティーに行けるんですね！

　愛ちゃんに笑顔が戻りました。

あんりちゃん	パーティーに行けるどころか、ヨネダ2000には私の右腕と左腕になってもらうよ！
誠ちゃん	どっちが右腕ですか？
あんりちゃん	そっちで決めて！
誠ちゃん	愛さんどっちが良い？
愛ちゃん	どっちでも良い。
誠ちゃん	私もどっちでも良い。
田辺さん	どっちが右か左かは後で決めな。
誠ちゃん	そうします。

　そこから、あんりちゃんとヨネダ2000でどんなパーティーにするか話し合いを始め、タコスパーティーを10月に開くことが決まりました。しかし、ここで主催者のあんりちゃんが新たな課題を見つけました。

あんりちゃん　**でも、パーティーの主催者ってモテなさそうだよね。**

誠ちゃん　確かに。タコスにつきっきりでモテている場合じゃないですよね。

愛ちゃん　男性側もパーティーの主催者は恋愛対象っていうよりも、もうパーティーの主催者にしか見えないかもしれないですね。

あんりちゃん　そんなの困るよ！　何のためにパーティー開くの!?　……**あ！そうだ！**

　あんりちゃんは、何か閃いたようでした。

あんりちゃん　**田辺さんを主催者ってことにさせてください！**

田辺さん　え？　嫌よ！　主催者なんて大変でしょ！

あんりちゃん　何もしなくていいです！　名前だけ貸してください！　全ての準備は私と私の右腕と左腕でやります！

誠ちゃん　でも、それだと結局あんりさんが忙しいままでは？

あんりちゃん　**主催者じゃないのにタコス作ってたらそれは気が効く女じゃん！**

誠ちゃん　本当だ！　同じことしてるのにモテそう！

愛ちゃん　あんりさん天才ですね。

田辺さん　何もしなくていいなら主催者になってもいいよ。そうだ、みたらしも呼びましょう。子どもが走り回ってるパーティーは安心感があるわ。

あんりちゃん　さすが、田辺さん！　もう主催者意識が芽生えていますね！　確かに子どものいるパーティーはぎらぎら感が抜けていいです！　酒寄さんはみたらしを連れてきてください。

私	オッケー。
田辺さん	最近タコス柄のTシャツ買ったからそれ着ようかな。主催者って感じしない？
あんりちゃん	そこまでやってくれるなんて最高の主催者です！
誠ちゃん	私もタコスTシャツ着たいです！
愛ちゃん	私も着たいです！
田辺さん	**みんなでお揃いで着ようよ！　ワタスがまとめて買うよ！**

　田辺さんがタコスに心を持っていかれ過ぎて、私がワタスになり、みんなで大笑いしました。

人生で一度言ってみたい言葉

◎某月某日
歯医者さんの日。その日は先生が「予想外のことが起こった」と何度も連発する日だった。私が（この人少しは色んなパターンを考えて行動したほうがいいのでは？）と思い始めた頃、私の隣で治療されていた人が、「すみません。口をゆすぐコップがありません」と言っていて、隣の人にも予想外のことが起こっていると思った。

◎某月某日
のび太くんとセワシくんってドラえもんとの仲の良さでお互い一瞬でも嫉妬はなかったのかなと考えたけどわからなかった。

◎某月某日
3歳の息子が『逃走中』という番組にずっとはまっている。息子のために録画したものを何度も繰り返し見ている。息子は一番最初に捕まった人のファンになったらしく、録画した『逃走中』でその人が捕まるたびに「最初から見る！」と言って巻き戻しを要求する。私は何度も捕まり続けるこの人を解放してあげたい。

◎某月某日
夫がチャーハンを作ると言うので、待つ。夫は昔チェーン店の中華料理屋さんでアルバイトをしていたらしく、チャーハンがうまい。作りながら夫が、「今考えると、お客さんにバイトの男子高校生の作ったチャーハン食べさせるってなんか申し訳なかったな」と言ったので、「私はむしろお金を払ってでも男子高校生の作ったチャーハン食べたいですよ」と言うと、「そう？」と安心していた。私は昔男

子高校生だった夫のチャーハンを食べる。

◎某月某日
遊びに夢中になりすぎた息子がトイレに失敗、床が濡れていた。私が「あ！」と言ったら、息子が「ハンターが放出された」と言った。

◎某月某日
家族でケーキを買いに行く。買っている最中に外が大雨になる。優しい店員さんが「雨が落ち着くまで店内で雨宿りしてください」と言ってくれ、お言葉に甘える。夫が「今、自分は美味しそうなケーキに囲まれて、世界一幸せな雨宿りをしている」と言う。雨が弱まった頃、夫が焼き菓子を何個か追加で購入していた。
外に出て夫は、「店内をじっくり見ていたら、あまりにも美味しそうだったから」と言い、「こんなにじっくり見たのは初めてだ。焼き菓子コーナーは楽しい」と言っていた。

◎某月某日
午前中、外を歩いていて、ふと、周りの人全てから自分が置いてきぼりをくらっている気持ちに襲われる。こんなにも天気が良くて気持ちが良いのに暗闇に飲み込まれる。私は、（アーティストの誰か、人混みで突然不安に襲われる女をプロモーションビデオのワンシーンに使ってくれないかな。サビに行く直前とかに使えないかな）などと考えて暗闇から脱出する。

◎某月某日
『星のカービィ ディスカバリー』というゲームをして、カービィはすごいなと思う。カービィは大きな穴に落ちても何度も挑戦する。自分が負けなければ何度でも仲間を復活させられる。困難を乗り

越えてゴールにたどり着いた瞬間、ダンスを毎回全力で踊る。そして可愛い。そんなカービィだからか、カービィの仲間は私だったら泣きながら「許してください。ここは駄目です。絶対に嫌です」と言いそうなとんでもない土地に行っても「楽しい」と言っている。カービィには見習いたいところがたくさんある。

◎某月某日

よく行く歯医者さんで先生が「○○さ〜ん」と呼んだとき、別の人が返事してしまい、その人が「やだ！　私○○さんじゃないのに返事しちゃった！」と恥ずかしがっていたら、先生が、「よ〜し、オレが呼んだらもうみんな返事しちゃえ〜！」と言って、みんなで笑った。楽しかった。

◎某月某日

スーパーで買い物をしていると、女性のお客さんが店員さんに向かってお弁当の内容と貼られたシールの内容が違っていることを教えてあげていた。

店員さん「あ！すみません！ありがとうございます！助かります！」

女性「いえ、さっきから色んな人が前を通っていて、絶対に気づいてるはずなのに誰も言わないから…」

良いことをするのにも言い訳は必要なんだなと思った。

◎某月某日

Tさんに会う。Tさんは夢を叶え、その夢を常に進化させて頑張っている。そんなTさんは言う。

Tさん「思うんだけどさ、あ、今まで全く知らなかった人とかは別としてよ。仲が良いのは前提の話よ。今の私と一緒にいて、「どうせ私なんて」とか「私なんかと」って態度をとられるよりも、したた

かに近づいてくれたほうが私は安心するの。私たちってさ、『夢』があるでしょ。『夢』叶えたいなら私を利用してよって思うの。「友達を利用してまで…」って人もいるかもしれないけどさ、その程度の『夢』なの？って思うの。今の私の立場も一生のものかわからないし、その人が『夢』叶えてたらさ、逆にそんときは助けてねって思うの。

◎某月某日

髪の毛をドライヤーで乾かす。ドライヤーがごおおおおおおおと大きな音を出す。その大きな音に邪魔されながらも、微かに、息子の笑い声が聞こえる。ひとりの人間ではないし、ごおおおおおおおと、このドライヤーの大きな音と同じくらい、息子と私の間には隔たりがある。私の中では全人類ドライヤーの音を挟んで生きている。でも、ごおおおおに邪魔されても、息子が笑っているのが確認出来たらそれで嬉しい。あなたが笑ってるから髪を乾かしている私も笑ってるよと思う。

◎某月某日

人生で一度言ってみたい言葉、私を信じて。

田辺さんの能力
『りくろーおじさんのチーズケーキ』
を使って欲しいんだ

前回までのあらすじ

〈木村アリア〉

女子高生の木村アリアは
トラックに轢かれそうに
なった犬を助けようとして
事故にあい、

気がついたら
お笑い芸人の
ぼる塾・田辺さんに
なっていた

なんとか田辺さんになりきる
アリアだったが、相方のはるちゃんが
「あなた誰?」と気になる一言!

一方その頃、本物の
田辺さんは宇宙の王位
継承争いに巻き込まれ、

謎のイケメン
〈タートル〉

そこでKAT-TUNの
亀梨くん似の
イケメンと急接近!

──楽屋の田辺さん
（アリア）とはるちゃん

あなた、
誰ですか?

ドキ

誰って田辺よ！

ヤバい！
私が本当は
田辺さんじゃない
ってバレた？

怪しい…

どこからどう
見ても田辺よ！
ほら！　肩出して
いるでしょ！

差し入れに
田辺さんの好きな
ルマンドが
ありましたよ！

…2人とも
どうしたの？

あんり、田辺さんに聞いたの。
『あなた誰？』って

はるちゃん
言っちゃったの!?

え！

あんりも
怪しいって
気づいていたの?!

だってやっぱりおかしいよ！
この田辺さん私がギャグ
やったとき笑うんだもん！

…

田辺さんだったら
無視するはずだよ！

え！

本物は
無視するの?!

〜宇宙〜

…というわけなの

なるほど。
田辺さんは地球という
星に住んでいるのか

そうなの

何故ここにいるのかは
わからないんだね？

※本物はまあねを使える
タイミングでまあねが言えない

タートルは故郷のために
この王位継承争いに
参加しているのね

ぜひ、あなたの優勝に
協力してあげたいけど
私はどうしたら
良いのかしら？

ああ。だから
なんとしても優勝したい。
故郷のみんなの為に！！

※王位継承争いに参加することで目覚めた田辺さんの能力『りくろーおじさんのチーズケーキ』

ちりん ちりん

ふりん

この能力はチーズケーキが焼きあがった呼び鈴の音が出せる。焼きたての音がしたらみんなそっちに気が行くので一瞬の隙を作ることができる。しかし、音のみでケーキは出てこない。（田辺さん本人が考えてくれた能力です）

田辺さんの能力
『りくろーおじさんのチーズケーキ』
を使って欲しいんだ

この能力で？
どうやって？

ケーキも出せないのに？

ギュッ

きゃー！

田辺さんが
いてくれたら
オレたちは勝てる！

ズキューーン

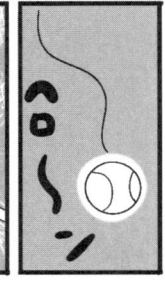

決めた！

この争いに参加した人
みんなにりくろー
おじさんのチーズケーキを
ひとりワンホールずつ
あげたい

散々呼び鈴だけ
聞かせちゃったから

やったーーー！！

ついに
食べられる

承知した。
2つの願いを叶えよう。

ちなみに田辺さん。
地球に戻ると
この宇宙での記憶は
全て消える

あら、残念ね。

じゃあせめてチーズケーキを
叶えてから私を地球に戻して

私も
チーズケーキ
食べたいから

了解

では、そろそろ地球に
戻る時間だ

田辺さん！

色々ありがとうね。
応援しているわ

ぎゅ

きゃー！

ズキューン

田辺さんが
地球に戻っても
絶対に捜してみせる

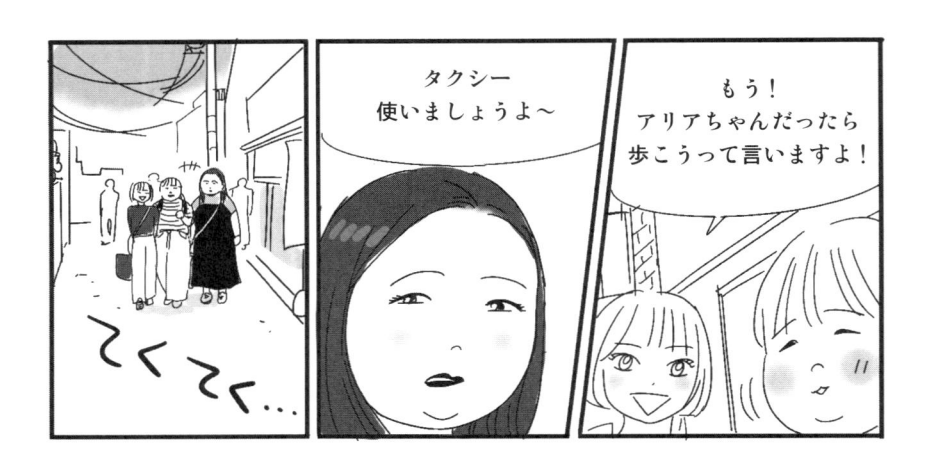

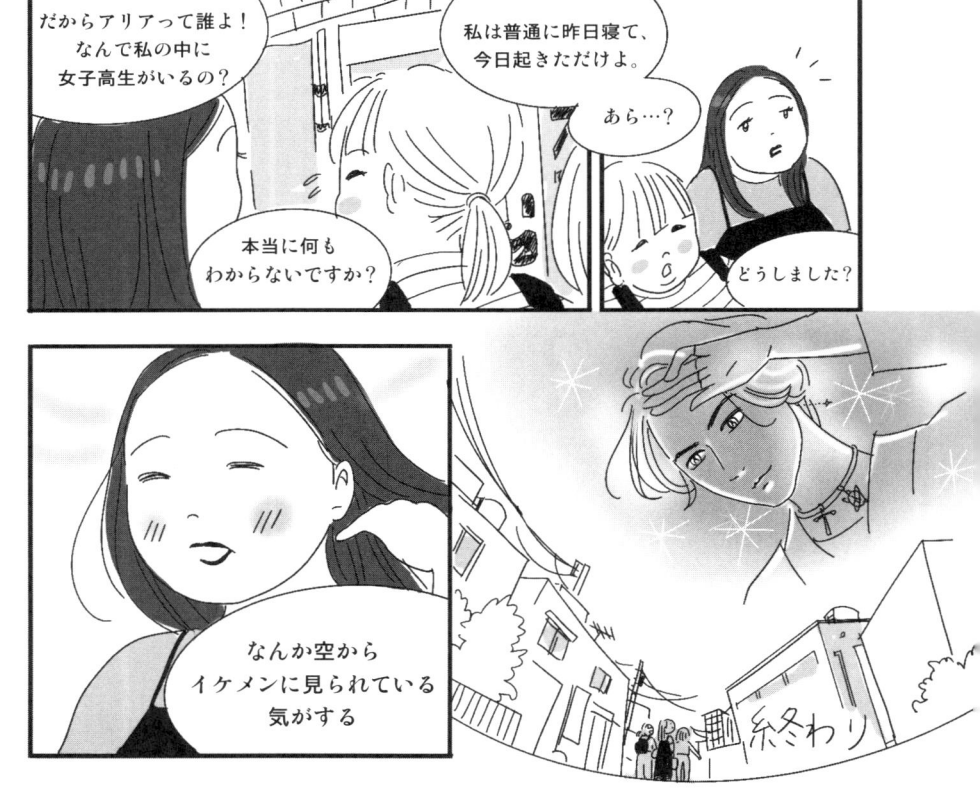

『転たな』は今回で完結です！
楽しんでいただけたでしょうか？
田辺さんにひと足先に読んでもらったところ、
「メチャクチャいい！　なんだか最後
泣けてきたもの。亀梨さんに送りつけたい！」
と喜んでくれました。
宇宙のみんながチーズケーキを食べられて
本当によかったです。
アリアもぼる塾の田辺さんになって
なんだかんだ楽しかったと思います。
漫画を担当してくださった菜々子さんに
感謝です。次回作『あんりの野望』を
今温め中です。

大人だって"楽しい"がいちばん！

『腐女子のつづ井さん』でおなじみのエッセイ漫画家・つづ井さんの大ファンである
酒寄さんと田辺さん。本書のシリーズ1作目『酒寄さんのぼる塾日記』の
イラストを依頼したことをきっかけに交流を続けています。
今回、めでたく3作目を迎えたことを記念して3人でおしゃべりしちゃいます！

——みなさんが出会ったときの感想から教えてください。

田辺さん（以下⽥）酒寄さんが初めてつづ井さんと会った日、「舞った」って聞いたけど。マネージャーさんが「酒寄さんずっと盆踊りみたいなのをやってた」って（笑）。

酒寄さん（以下⑩）私、興奮すると踊るような動きをする癖があって、つづ井さんを目の前にしたときにもそうなってしまって。

——それを見て、つづ井さんは？

つづ井さん（以下⑦）舞ってるなぁ〜って（笑）。

⽥&⑩ あははは（笑）。

⑩ つづ井さんが、輝いて見えたんです。

つ（照れつつ）いえいえ。酒寄さんにお会いしたとき、田辺さんから預かったメッセージを読み上げてくださって、noteに書かれているような出来事が目の前で起こっている！って感激しました。田辺さんはいい意味でギャップがなくて、テレビのまま愛されキャラの人。接しやすかったです。

──今では3人はすっかりお友だちのようですが、どのように仲を深めたのでしょうか。

酒 初対面で、これはチャンスだ！　と3人のグループLINEを作りました。

つ その後、私が上京して何度かお食事やお茶をさせてもらって。星乃珈琲店でパンケーキをいただいたりもしました。

田 神保町のライブにも来ていただいてね。その日、酒寄さんが「今日はつづ井さんが来るから」って変に"かかっちゃって"さ。

酒 ネタ合わせ中に「間がおかしい」「田辺さんの声が大きすぎる」といつも言わないこと言って、あんりちゃんに「なんだお前」って怒られて（笑）。つづ井さんの前で一番面白い私たちを見せたかったんです。

田 あの日はヤバかったよ。それにしてもつづ井さんは、人生の楽しみ方を見つけるのがとても上手い人。この前、みたらしちゃん含め4人で上野動物園に行ってね。

酒 つづ井さんが「闘ってギリ勝てそうな動物はどれだろう」って言い出して。

田 その瞬間に動物園が輝き出したよ。

つ 大きいワニは無理だけど、小さいワニならいけますかね、とかリミッター外れたらすごそうな猿は完全に無理とか（笑）。

田 鳥類も無理だよ。

酒 カピバラも大量だったら無理…。

田 プレリードッグは可愛くてやれないのよ。結局勝てるものが見つからず、人間はなんて弱い生き物なんだ…となったね。

つ あと、オタクの話ができるから嬉しいですね。同じ作品が好きとか、推しが一緒というよりも、オタクとしてのスタンス、姿勢や魂が似ている人との方が長続きする気がしていて。オタクの美学や信念が、お2人とは勝手に合っていると感じています。

酒 つづ井さんも田辺さんも、私が今好きなジャンルの話をしたときに、真剣に聞いてくれるんですよね。だからそれによって3倍楽しくなる、みたいな。

田 私は昔、自分の好きをわーって話しちゃうタイプだったけど、つづ井さんのエッセイからオタクのマインドを学ばせてもらいました。そして相手のオタク精神に、敬意を払うことは本当に大事なんだと。あと、ご褒美で取り寄せたものが数ヶ月後に届く楽しみもつづ井さんから。今までは、すぐ欲しい！でそんな楽しみ方知らなかったのよ。それで今、5年後に届くバームクーヘンを注文してます。

つ どうして5年もかかるんですか？

⊞ 1人で全部作られているらしくて。でも5年後の私は一体誰とこれを食べるんだろうと想像して、一応2つ頼みました。

酒 でもはるちゃんとあんりちゃんが「食べたい」って言ったら「ヤダ」って。

⊞ 5年も待って、あのメンバーは嫌だね。

——つづ井さんと酒寄さんが今注目しているもの、ハマっているものは？

つ 劇団四季のディズニー作品のミュージカルが好きで、いつかみたらしちゃんも一緒に、ミュージカル行きません？

⊞ 行きたいね。

酒 みたらしにミュージカルデビューさせたい！ 私はシルバニア（ファミリー）にハマってるので、みんなでやりたい。

⊞ シルバニアをやるって、一体何を？

酒 設定を決めて、街を作ったり。

つ 楽しそう！ …でもなんか怖くて。

⊞ わ、全く同じ気持ち！

つ 命すぎるっていうか、絶対にハマっちゃいそうな自分が怖い。

酒 ではシルバニアのレストランがあるので、まずはそこに。ショップもあるし。

⊞ ずるいよ。1個買ってしまったら終わりだよ。

——つづ井さんのエッセイに"前世の友"と呼ぶ友だち5人組が描かれていますが、友情の育み方や喧嘩の解決はどうしていますか？

つ 基本争いを好まない5人ですが、奇数なのでもし揉めるようなことがあれば多数決ですね。1対1になったら相撲で決め

ます（笑）。

⊞ うぅ、相撲いいな。

つ じゃれ合いたくて、揉めるのは相撲を取る口実です（笑）。ちょこちょこそうやってると、ガチの衝突にはなりづらいですね。

⊞ ぼる塾も争いは好まない人たち。ただ、少し前に"ぼる塾の乱"が起こりまして。

——えっ…それはどんな乱でしょうか。

⊞ 個人の仕事が増えて、みんな「自分が一番頑張ってる！」って思い始めて、それが同時期に吹き出したの。乱の中心はあんり、田辺、はるちゃん。

酒 私は基本、誰の味方もせずにそれぞれの話を聞くことに徹しました。でも俯瞰的に見ていると、それぞれ得意ジャンルで輝いている。そもそも3人は仲良しじゃないといけないと思っていたんじゃないかな。

⊞ あるときあんりが「たぶん今うちら、お互いに嫌い合ってる。なんかおかし

い！」と言ったことで、全員が素直に「ああ嫌いだね！」って口に出しちゃって。

🔵 わー！

🔴 でもそれを認めたことでつきものが取れた。みんな晴れやかになって、楽になったよ。そもそも本当に嫌いなわけじゃないからね。本人に「嫌いだ」って言えるってことは、もはや好きなの。だからちょっとずつ吐き出すことは大事。乱の最中の3人は誰かがボケても笑わないし、同時に喋り出して譲らないし、あれは本当に潰し合いだったよ。顔つきがみんなヤバかった。

🟣 全員『ゴルゴ13』みたいだった。

🔴 だから、つづ井さんの相撲で解決はコミカルでいいですよね。楽しいし。

🟣 味方がつかず、1対1なのもいい。あとは相手の存在を否定しない言い方をすることと、引きずらないことが大事ですね。ちなみに私と田辺さんは、田辺さんが戦士で、私が軍師みたいな感じ。役割が決まっ

ているからそもそも衝突しないのかな。

🔴 酒寄さんはNSC時代から、私がスベったときでも「田辺さんが一番面白いよ」って、泣きながら言ってくれたこともあって。なんか恥ずかしいね、本人スベってんのに。私が面白いと思ったことがスベって、でも酒寄さんだけは「あはは」って笑ってくれるんだから、感覚が合うんだね。

——お二人の関係は素晴らしいですよね。ところで3人はここまで来るのにたくさんの"決断"をされてきたと思います。決断をするときはどんな思いなのでしょうか。

🔵 私は漫画を描き始める前は、全然違う職業でした。就職してそのまま地元で働くつもりだったんですが、大学時代から副業で絵日記を描き始めてから、思い描いていたルートとはかなり逸れてきちゃって。ゲームで例えると、正規ルートにバグが起きて入り込んだボーナスステージで生きているという感覚（笑）。パラレルワールドというか。なので何かを決断しなければいけないときは、正規ルートの自分だったらできないであろう経験であれば、全部やってみると決めています。そっちの自分も「そんな機会ないからやりな」って絶対に言うと思

正規ルートの自分ならできない経験は全部やってみる——つづ井さん

うから。

🔵 へぇ〜、素敵。

➤ 田舎にいたときはイベントやライブに参加するのもハードルが高かったけど、東京にいるなら、ってどんどん飛び出せるようになって。この前は、乗馬に行ってきました。

🔵 つづ井さんを見ていると、気持ちがいいなって思う。私は仕事で「趣味がない」「推しがいない」という相談を受けることがあるんですけど、そもそも自分で踏みとどまって新しい扉を開けていないとか、1歩踏み出せない人は、冷たい言い方だけど「一生そのまんまだよ！」って思っちゃいますね。つづ井さんみたいに、動き出したら世界が変わるんだから。

——田辺さんも酒寄さんも、バンバン扉を開けるタイプですか？

🔵 興味を持ったら、いったんやりますね。もちろん途中でやめたものもたくさんあるけど。タロット占いとか…。

🔴 でも田辺さんのタロットめちゃくちゃ当たってたよね。私も占ってもらったとき「体がちぎれるほどの痛みを経験する」って出て、何これ！　って思ってたら、そのうち妊娠が発覚して出産を経験して。

🔵 結構当たっちゃってたのよ。後輩を占ったときは「芸人ではなく違うところで輝く」って出たんだけど、今ではその後輩は芸人を辞めて別のところで成功してるね。

🔴 だけどカードを失くしてやめたの（笑）。

🔵 ポエムもやめたね。

🔴 「チェリーブロッサムカーペット」って

ポエムがありましたね。

🔵 あんた、それは代表作だよ。そうやって中途半端に手を出して、向いていなかったと思うものありますよ。でもね、そこに使った時間やお金は全部ムダではなかった。20代のニート時代に勉強した韓国語が、今ロケで役立っているんだから。

🔴 いろんなことに手を出して、ある程度のジャンルの人と喋れるのがすごいよ。

——酒寄さんはどうでしょうか。

🔴 私も扉をバンバン開けるタイプですが、NSC時代から田辺さんが面白いっていうのを全面に出したい、表したいって思っていて、今もそれは変わってないんです。あんりちゃん、はるちゃんが増えたことでそれが3倍になりました。

🔵 酒寄さんは前への出方が変わってきたね。MCなのに変な小道具持ってきたり。

➤ 変なって、何を持っていったんですか？

🔴 戦闘能力を見る"スカウター"です。お客さんの笑いの戦闘能力を見て、鬼スベるっていう（笑）。

🔵 でもスベったときにこそ、あんりが活かされるんだよ。だから酒寄さんがそうやってスベりにいって、いや、スベりにいったわけじゃないけど…（笑）。今まではいつも私の後ろに隠れていたイメージが

あったけど、平場で前に出るようになって、そういうところが変わってきたなと。

㊢ すごく遅いんですけど、私は別にお姫様じゃないんだ、って最近気づいたんです。お客さんに舞台にいたことを気づかれないよりも、酒寄さんスべってたなって記憶に残るほうが、全然いいと思う。

㊓ まあやるやらないは、結局自己責任なんですよ。やるという選択をして得ることがあり、やらないという選択をして得られないことがある。逃げてもいいけど、そのぶんなにも変わらないよ、あんた一生そこだよって思うね。

㊢ 私は、迷っているときが一番辛い。だからその時間を短縮するために、どんどん挑戦していったほうが得だと思ってからは、即決断するようになりました。田辺さんの場合はやらない選択をしても、やらなかったで終わらせられるけど、私は、あのときやってたら…でまたずっと考え続けるので。

㋡ 自分がどういうタイプかを知るのも大事かもしれないですね。

——ちなみにみなさん、これから新たに挑戦したいことはありますか？

㋡ 私は、エッセイではなく漫画のお仕事や創作をしたり、同人誌を作ってみたい。

㊓ 私は留学。英語が喋れないコンプレックスを克服したい。英語が喋れないと食べたいものも必死に伝えないといけないから、一生懸命に人とコミュニケーションを取ろうとするじゃない。その積極性も身に付けたい。『THE W』優勝したら行こうかな！

㊢ 賞金全部持ってね（笑）。私は、つづ井さんのドラマ化に続いてぼる塾のこのエッセイを、いつかドラマ化したいです。

㊓&㋡ わ～！（拍手）

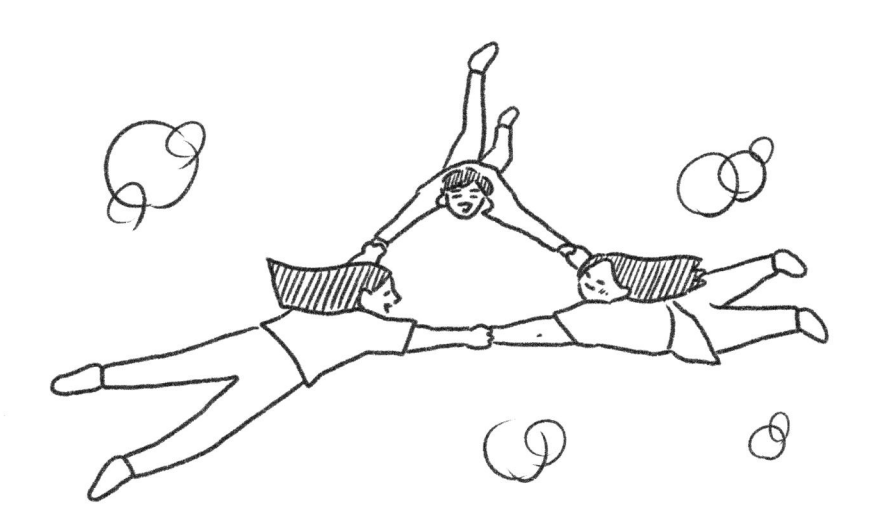

これこそがぼる塾

　ある日のこと。ぼる塾4人でネタ合わせの為にカラオケに入りました。

店員さん　お食事の予定はありますか？

あんりちゃん　ないです！（即答）

店員さん　かしこまりました。お客様のプランですとお食事が2000円分無料になりますので、よろしければご活用ください。

私　（2000円分無料?!）

　私は昼ご飯を食べそびれていたのです。

私　（昼ご飯は我慢しようと思っていたけど、2000円分無料になるなら使ったほうが良いのでは？）

　私はエレベーターの中で、「実は昼ご飯を食べていないので2000円分無料になるなら何か食べても良いか？」と3人に相談しました。

田辺さん　私も何か食べたほうが得だよなってずっと思っていた。

あんりちゃん　私ちゃんと聞いていなかったんですけど2000円分無料なんですか!?　私も何か食べようかな。

はるちゃん　私も何か食べたい！

田辺さん　あったら私も食べるよ。

私たちは部屋について即、食事メニューを開いて何を食べるか話し合いました。

はるちゃん	ウィンナー食べたい！　あったらみんな食べる？
あんりちゃん	食べるよ。
私	食べる。
田辺さん	あったら食べるよ。
はるちゃん	この揚げ物のパーティープレート食べたい！　ポテトとから揚げとオニオンリングの3種盛りだって！
田辺さん	あったら食べるよ。
はるちゃん	パーティープレート5種盛りもあるよ！
田辺さん	**あったら食べちゃうからやめて！　私旅行で太っちゃったから！**

　他にも各々食べたい物を注文し、私たちはわくわくしながら待ちました。私はわくわくしている3人を見て、なんとなく、『THE W』について聞くなら今かなと思いました。

私	ねぇ、『THE W』決勝を終えて何か変わった？
あんりちゃん	**なんで今その質問を？**
私	あの日から5カ月ほど経ったけどどう？
田辺さん	**5カ月って中途半端じゃない？　半年とかならキリがいいけど。**
あんりちゃん	それかその質問聞くなら決勝終わった直後ですよね。

　どうやら聞くタイミングは今じゃなかったようでした。

はるちゃん　**はいはいはい！　私は４人の仕事が増えたことが嬉しい！**

　はるちゃんが元気よく言いました。確かに『THE W』決勝以降、いろんな劇場に４人で立たせてもらえる機会が増えました。

はるちゃん　いろんな舞台に４人でいられることが嬉しい！　私は４人で舞台に立つことが一番嬉しいから、嬉しいことがたくさんに増えたことが一番変わったこと！
私　はるちゃん…ありがとう…（涙）。
はるちゃん　こちらこそありがとう！
田辺さん　変わったことね〜…。

　田辺さんは腕組みをして真剣に考え始めました。

田辺さん　正直、私は３人で活動しているときからずっと酒寄さんも隣にいる感覚で仕事をしていたから、『THE W』決勝で「酒寄さん参戦！」ってなっても私の中ではずっと前から４人だったからね。
私　田辺さん…ありがとう…（涙）。
田辺さん　……でも、何も変化していないわけじゃないのよ。ただうまく言葉にできなくて。酒寄さんが育休中のときから酒寄さんはいつも私たちと共にいたけど実際に酒寄さんが隣にいての舞台はなんと言ったらいいか……。

　私は田辺さんの言いたいことがなんとなくわかる気がしました。

私	田辺さんの言いたいこと、なんとなくわかったかも。
田辺さん	本当に？
私	田辺さんの気持ちを『テニスの王子様』で例えてもいい？
田辺さん	助かる！

※私と田辺さんは何かをわかりやすくしたいときはテニスの王子様を用います。

私	立海大附属中学校の幸村が入院しているときも、真田や仁王など立海テニス部メンバーは幸村と共に戦っている気持ちでいたけど、ついに幸村が戻ってきた全国大会で立海テニス部の本来のパワーが炸裂したときみたいな感じ？

田辺さん	まさにそれ！　流石テニプリ！　私が言いたいことを全部テニプリがわかりやすくしてくれたよ！

※テニプリを未読の方へ。幸村というキャラクターは「神の子」と呼ばれる存在なので、彼と酒寄さんの共通点は「休んでいた」のみです。

あんりちゃん	2人ともテニプリ大好きですね。
田辺さん	一旦テニプリを挟むと全部のことがわかるんだよ。
私	テニプリを読んでおくと賢くなれるよ。
あんりちゃん	私が変わったことはですね…変わったというか気づいたことなんですけどいいですか？
私	もちろん！
あんりちゃん	私は3人のぼる塾と4人のぼる塾は全然違うものだって気

づきました。

　なんと、あんりちゃんは『THE W』決勝によって辿り着いた私の答え（p.68「3＋1＝4」参照）と全く逆の答えを出していたのです。

あんりちゃん　全然違います。別物です。
田辺さん　それはテニプリで言うと……？
あんりちゃん　これに関してはテニプリを使わずにあんりがわかりやすく説明します。

　あんりちゃんはそう言ってテニプリを使わずに説明を始めました。

あんりちゃん　ぼる塾は4人でこそグループになれるんです。3人ではグループにはなれません。
私　どういうこと？
あんりちゃん　今、私とはるちゃんと田辺さんの3人で活動しているとき、3人でいてももう個人戦なんです。3人一緒にいるけど、もうグループじゃないんです。3人それぞれ自分のために動いてるんです。でも、それは悲しいことじゃなくてひとつの成長なんです。でも、酒寄さんもいて4人になると、みんな帰るべき場所に戻ってきた！　って感じで個人から力を合わせたグループになるんです。酒寄さんがその場所を守っていてくれる。それってグループにとってすごく大事なことだなって感じました。
田辺さん　わかる。
はるちゃん　わかる。

私	…グループになるのは良いこと？
あんりちゃん	とても良いことですよ！　私はぼる塾が４人でいる限り、このチームはなくならないって思いました。
私	あんりちゃん…ありがとう…（涙）。
はるちゃん	私たち一生一緒だよ！
田辺さん	嬉しいこと言ってくれているはずなのになぜかすごく嫌。
はるちゃん	なんで！

４人でいると嬉しくて、４人でいると強くなれて、４人でいるとなくならない。

私	（私はそんなぼる塾が大好き）

私は３人の言葉を聞いて、これこそがぼる塾だなと思いました。しかし、帰りのエレベーターであんりちゃんが、

あんりちゃん	**食べないって即答したのに結果2000円以上余裕で食べている。これこそがぼる塾。**

と言っていました。

おわりに

　気づけばこの本も残すところ、おわりの挨拶だけとなってしまいました。みなさん診断チャートや間違い探しなども楽しんでいただけましたか？どちらも作るのは長年の夢だったので今回実現できて嬉しいです。チャートに入りきらなかった質問で「好きな焼き魚は？」というものがあり、

あんりちゃん　やっぱり鮭ですかね

はるちゃん　シシャモ！

田辺さん　シシャモとられた！　でも私には銀鱈があるわ！

　３人とも真剣に考えてくれたのでここで披露させていただきます。ちなみに私はホッケが好きです。

　この本の裏話を少しさせていただくと、『ぼる塾日記』『ぼる塾生活』『ぼる塾晴天！』は一応３部作となっており、『酒寄さんのぼる塾○○』としてのはじまりの部分は今作にて一旦一区切りがつきました。もしも、次回作を出すことができたら新章が始まりますので、この本が沢山の人に読んでもらえることを願うばかりです。

　ぼる塾は「楽しい」をとても大切にしています。「楽しい」は、人によって色んなときに感じるものだと思いますが、「気持ちが晴れ晴れしている」ときを表現する言葉だそうです。

　大人になると、「楽しいだけではいけない」という現実にぶち当たります。そして、人によってはもっと極端に「楽しんではいけない」と考えてしまう人もいると思います。というか、そう考えていたのは数年前の私です。

私以外のぼる塾の３人は結成当初から「楽しい」をとても大切にしていました。私はそれが少し不安でした。なんとなく、大人が楽しさを重要視してはいけない気がしていたのです。そんな考え方をしていたからか、私は３人の言う「楽しい」も理解できず、自分自身の「楽しい」さえも、一体何なのかわからなくなりました。

　しかし、ぼる塾としての日常を過ごす中で、３人の言う「楽しい」が少しずつわかるようになり、私自身の「楽しい」をついに見つけられました。今は「楽しいということが生きていく上で大人にとってもどれだけ大切か」と、「楽しい」の重要さを感じています。

　私がぼる塾になり、様々な困難に立ち向かってこられたのは、
「ぼる塾でいると楽しいから」
　に尽きると思います。「楽しい」はとんでもないパワーを秘めています。なんなら攻撃も防御も体力ゲージの回復も全て「楽しい」でまかなえます。

みなさん　そんな万能すぎる効果を持っている「楽しい」って具体的に何なの!?　一体ぼる塾になった酒寄さんは何をしているの!?　ちょっとしたパーティーを連発しているとか？

　あんりちゃん、はるちゃん、田辺さんと過ごす何気ない時間こそが私の「楽しい」です。

みなさん　なんだ…この本に答えはもう書いてあったんだね。この本こそが酒寄さんの「楽しい」なんだね。酒寄さんったらロマンチストなんだから！

　この本の中で沢山の「楽しい」を書いてきましたが、ダメ押しでもう１

エピソード紹介させてください。

みなさん 酒寄さん、もうわかったからいいよ！　あとがきなんだからはやく終わらせなよ！

ある日のことです。

みなさん 結局、書くんだね！　もう少しだけ付き合うよ！

　仕事に向かう車での移動中、はるちゃんが最初に寝始め、私とあんりちゃんと田辺さんの3人で話をしていました。

あんりちゃん 私、有名どころの映画全然観てなくて、そろそろ観ようって思ってるんです。

田辺さん あんり『ハリー・ポッター』も見てないものね。少女漫画原作の恋愛映画はめちゃくちゃ詳しいのにね。

私 有名どころって例えば？

あんりちゃん えっと……タイトルが思い出せないんですけど、『車がどっか行く映画』。

私 …もしかして『バック・トゥ・ザ・フューチャー』？

あんりちゃん そう！　それです！

田辺さん 酒寄さん今のでよくわかったね！　確かに車がどっか行くけど！（笑）

あんりちゃん あと、『車がとにかく速い映画』も観たことないです。

私 それ絶対『ワイルドスピード』でしょ！

あんりちゃん それです！

田辺さん 車って大体速いわよ！（笑）

こんな話を続けていると、気づけば田辺さんが寝ていました。

あんりちゃん　あ、喋ってこないと思ったら田辺さん寝ている。
私　私たちも今のうちに寝ようか。あんりちゃんも寝て大丈夫だよ。
あんりちゃん　そうですね。起きたらまた続きを話しましょう。

隣を見たら、はるちゃんが幸せそうな顔で寝ていました。

私　（ああ、楽しいな）

私はこんな時間があるからこそ、どんな困難にも立ち向かっていけるのです。4人ともぐっすり寝た後は、

田辺さん　ねえ、これ絶対必要ないんだけどちょっと気になるんだよね。

と、田辺さんがピザ窯の画像を見せてきて、4人でピザの話で盛り上がり、最終的に田辺さんはそのピザ窯を買っていました。田辺さんは私たちに画像を見せたときは自分がこの後ピザ窯を買うなんて思ってもいなかったそうです。なんて最高に楽しいんでしょう。

はじめにでは、「なんとかする」と「なんとかなる」という今作のテーマをお伝えしたので、おわりにではぼる塾のメインテーマである「楽しい」について触れさせていただきました。
ぼる塾の3人も私も決して「楽しくなければいけない」と思っているわけではありません。「なんか楽しいなー」と気楽に過ごせたらいいなと思っているだけです。そして、みなさんの「楽しい」に少しでもぼる塾が仲間入りできたら良いなと思って活動しています。

この本に関わってくださったみなさん。本当にありがとうございます。みなさんの力があったからこそ『酒寄さんのぼる塾晴天！』は完成できました。

　そして最後まで読んでくださったみなさんもありがとうございます。これからもぼる塾をよろしくお願い致します。

　この本で唯一の心残りは前作、前々作に比べて田辺さんのおじいさんの話が少ないことです。田辺さんのおじいさんファンの皆さんに細やかですが、最近のおじいさん情報をお伝えします。

田辺さんのおじいさん最新情報。

好きな食べ物は「プリンとマヨネーズ」

日課「早起きして超広い公園を2周回っている」

　田辺さんのおじいさん情報でこの本を終えてもいいのですが、やっぱり自分の本なので自分で締めたいと思います。

　最近、息子にこんなことを言われました。

　息子　ママ抱っこ！

　私　よいしょっ！　あ〜大きくなったね〜！　これ以上大きくなったらもうママ抱っこできなくなっちゃうよ〜。

　息子　じゃあママももっと大きくなればいいんだよ！

酒寄はビッグになります。

あんりちゃん、はるちゃん、田辺さんと一緒に。

2024年9月　酒寄希望

酒寄希望（ぼる塾）

酒寄希望（さかよりのぞみ）●お笑い芸人。1988年４月16日生まれ・Ｂ型。東京都出身。ぼる塾のリーダー。相方の田辺智加と漫才コンビ「猫塾」として活動後、2019年、後輩コンビ「しんぼる」のきりやはるか、あんりとともに、お笑いカルテット・ぼる塾を結成。結成当初から育休に入り、ネタ作りなどでサポートしながら執筆活動を始め、現在、多くの媒体で連載を持つ。著書にnoteの連載を書籍化した『酒寄さんのぼる塾日記』『酒寄さんのぼる塾生活』（ヨシモトブックス）がある。2022年に舞台復帰、2023年にはぼる塾４人で『女芸人No.1決定戦　THE　W』の決勝進出を果たした。

note 酒寄さん

ぼる塾 酒寄 X
@no_zombie

STAFF

デザイン　眞柄花穂、石井志歩（Yoshi-des.）
装幀・本文イラスト　つづ井
漫画　菜々子
撮影　TOWA
取材・文　若山あや
撮影協力　くら寿司、さゝま
校閲　鷗来堂
編集　馬場麻子（吉本興業）
営業　島津友彦（ワニブックス）
マネジメント　淺井泰地、浜田萌子（吉本興業）

酒寄さんのぼる塾晴天！

2024年10月７日　第１刷発行

発行人　藤原寛
編集人　新井治

発行　ヨシモトブックス
〒160-0022　東京都新宿区新宿5-18-21
TEL　03-3209-8291

発売　株式会社ワニブックス
〒150-8482
東京都渋谷区恵比寿4-4-9　えびす大黒ビル
TEL 03-5449-2711

印刷・製本　TOPPANクロレ株式会社